U0590469

军训课程——环翠中学军训汇报暨少年军校结业典礼上，环中少年抬头挺胸，队列整齐

大思政课程——环翠中学师生进行《在百年 致青年》主题宣讲

"天一国乐"社团课程——环翠中学"天一国乐"民乐团排练中

"中国人，中国节"课程——环翠中学组织学生参加清明放风筝活动

主题研学课程——环翠中学跨学科学习团赴刘公岛党性教育基地研学

辩论课程——环翠中学辩论社团参加"扼制校园欺凌靠法律还是靠道德"辩论赛

篮球社团课程——环翠中学师生篮球赛

劳动课程——环翠中学学生在研学活动中体验劳动教育

升旗课程——环翠中学学生在升旗课程上展演经典歌曲《天耀中华》

"多元对话式"——环翠中学的新型课堂

戏剧课程——环翠中学戏剧社团参加学校"建党百年红色教育特色成果汇报演出"

仪式课程——毕业典礼上的升旗仪式,铮铮誓言表决心

英语"Fun Reading"课程——环翠中学英语大阅读活动展示

志愿课程——雷锋纪念馆金牌宣讲员生动讲述雷锋平凡而伟大的精神

志愿课程——环翠中学志愿课程参加环翠区"学雷锋志愿服务年"活动启动仪式"讲诚信做志愿 我与城市共提升"

指向核心素养的学校课程新样态

——山东威海市环翠中学课程建设探索

卢雪芹 著

首都师范大学出版社

CAPITAL NORMAL UNIVERSITY PRESS

图书在版编目(CIP)数据

指向核心素养的学校课程新样态：山东威海市环翠
中学课程建设探索 / 卢雪芹著 . -- 北京：首都师范大
学出版社，2024. 7. -- ISBN 978-7-5656-7836-3

Ⅰ. G632.3

中国国家版本馆 CIP 数据核字第 2024DU0682 号

ZHIXIANG HEXIN SUYANG DE XUEXIAO KECHENG XINYANGTAI

指向核心素养的学校课程新样态

——山东威海市环翠中学课程建设探索

卢雪芹　著

责任编辑　董　晴

首都师范大学出版社出版发行

地　址　北京西三环北路 105 号
邮　编　100048
电　话　68418523(总编室)　68982468(发行部)
网　址　http://cnupn.cnu.edu.cn
印　刷　北京印刷集团有限责任公司
经　销　全国新华书店
版　次　2024 年 7 月第 1 版
印　次　2024 年 7 月第 1 次印刷
开　本　710mm×1000mm　1/16
印　张　13
字　数　226 千
定　价　56.80 元

今天的课程改变明天的世界

（代序）

　　2005 年 6 月 12 日，乔布斯应邀在斯坦福大学的毕业典礼上演讲，在回顾成长经历时，他讲了这样一个故事：

　　我在里德学院（Reed College）待了 6 个月就办休学了。到我退学前，一共休学了 18 个月。那么，我为什么休学？

　　里德学院在那时提供的也许是全美最好的美术字课程。因为我休学了，可以不照正常选课程序来，所以我跑去上书写课。我学了 Serif 与 Sanserif 字体，学会了在不同的字母组合之中改变空白间距，还有怎么样才能做出最棒的印刷式样。书写的美好、历史感与艺术感是科学所无法掌握的，这很迷人。

　　我没预期过学这些东西能在我生活中起些什么实际作用，不过 10 年后，当我在设计第一台麦金塔（Macintosh）时，我想起了当时所学的东西，所以把这些东西都设计进了 Mac 里，那是第一台使用了漂亮印刷字体的电脑。如果我当时没有休学，就不会有机会去参加这个我感兴趣的美术字课程，Mac 就不会有这么多丰富的字体，以及赏心悦目的字体间距。因为 Windows 照抄了 Mac，所以现在个人电脑才能有这么美妙的字形。

　　偶然的一门课程，改变了乔布斯的整个人生，也重新定义了一个行业，从而改变了一个时代。这就是课程的力量！学生通过课程的学习来认识世界，并且通过学习过程培养出来的关键能力与必备品格去改造世界。今天的课程结构与内容，决定了学生未来的能力素养与知识结构；今天课程的实施方式，决定了学生未来的思维方式与行为方式；今天的课程格局，往往决定了未来世界的发展格局。今天的课程是学生们学习的跑道，明天却有可能成为串联他们人生轨迹的那条线。

　　新课改以来，三级课程的提出极大地增强了学校课程建设的自主权，唤醒了教师的课程意识。开发校本课程，满足学生的个性化发展，彰显学校的办学特色，成为中小学内涵发展的一大追求。在实践新课改的过程中，山东威海环翠中学（以下简称"环翠中学"）的领导、教师的课程意识与课程建设能力也得到空前提高，学校开发了30多门校本课程，努力用课程的丰富性、多样性和可选择性支持学生的个性化成长。

2016年《中国学生发展核心素养》发布，如何让核心素养落地？我们的着眼点依然是课程。我们以素养为主轴，关注课程目标从"知识本位"转向"能力本位"和"人格品性本位"，进行了课程类型的调整与融合，实现基础型课程、拓展型课程、探究型课程的百花齐放。其中基础型课程盯住重点——学科素养，重视国家课程校本化实施，聚焦学生学习的根本部分；拓展型课程关注广度——强化素养，从润德、润智、润美三个方面延展衔接，实现对国家课程的有益补充；探究型课程突出要点——综合素养，让学生融通现实生活进行项目化学习，在实践体验中培养问题解决能力。课程兼具规范＋选择，使课程体系更加全面，更有逻辑性，更有利于学生个性化成长。

本书呈现的就是我们学校近年来着力探索的指向核心素养的学校课程新样态的初步研究成果。涉及课程哲学的确立、课程体系的建构、课程实施的改革、课程评价的改进、校本研训的创新等几个板块系统的思考与实践。如果能够给正在进行同样探索的学校、教师以启发，我们将感到善莫大焉。

多年的实践探索让我们深深体会到：课程是核心素养落地的载体，是培育学生核心素养的跑道，是学生全部校园生活的总和，是学校最为重要的产品，也是学校的核心竞争力。课程建设是一个与时俱进、动态优化的过程，学校课程没有最好，只有更好。

学校课程下一步的优化建设体现在目标上，将以立德树人、培育核心素养为导向；在结构类型上将实现国家课程校本化、学科课程的层次化、地方课程主题化、校本课程的特色化；在课程内容上将追求综合化、融合化、体系化；在实施途径上将呈现多维化、多元化和开放化；在课程建设的手段上，将实现智能化、信息化、数字化；在课程开发的力量上，将形成专业化、群体化、草根化和伙伴化。这是一项宏大的教育工程，课程建设从规划设计、决策引领到课程开发、课程实施到课程管理与课程评价，都需要与时俱进、系统思考和强力推进。因此，不断提升课程领导力，保障指向核心素养的课程实施，是摆在我们面前的又一项重要课题。最适切的课程建设与实施，我们一直在路上……

由于能力与水平有限，无论是我们的实践探索，还是书中所呈现的内容，都会有诸多的缺憾与不足，期待读者您的真诚对话与批评。

鞠伟（山东威海环翠中学校长）

2024年6月

目　　录

第五章 保障——校本研训，赋能内涵发展

第一章
思考——改变现状，厘清课程哲学

　　党的十八大提出把立德树人作为教育的根本任务。在全国教育大会上，习近平总书记指出，"要努力建设德智体美劳全面培养的教育体系，形成更高水平的人才培养体系"。《义务教育课程方案和课程标准》（2022 版）（以下简称"新课标"）的颁布开启了我国义务教育课程改革与发展的新阶段。这套革故鼎新的国家课程文件擘画了培养义务教育阶段时代新人的路线图，明确了培养"有理想、有本领、有担当"和德智体美劳全面发展的社会主义建设者和接班人的培养目标。面向新时代要求和新课程标准，教育何为？学校何为？积极构建和打造指向核心素养的课程新样态成为学校教育的当务之急。

第一节 核心素养下课程调整的总体策略

核心素养是学生在接受相应学段的教育过程中逐步形成的适应个人终身发展与社会发展的必备品格和关键能力，是党的教育方针的具体化。核心素养具有整体性特征，将长久以来的内容为纲、关注"学什么"和课程标准的质量驱动、关注"学会什么"等进行上位统整，在学生知识、能力与态度等方面有了更精准的要求，既强调从局部零敲碎打，转向对教学内容进行整体结构化设计；又重视学科实践和综合联结的学习方式，着力培养学生解决真实情境中的问题的能力；同时凸显学科的育人价值，明确学生学习某科课程后应达成的正确价值观，弥合了"输入端"和"输出端"的鸿沟，是落实立德树人根本任务的重要凭依，是学校课程建设的灵魂。

课程是学校育人、培养学生核心素养的核心载体，有什么样的课程，就会培养学生什么样的能力，塑造学生什么样的品格。因此，环翠中学以《中国学生发展核心素养》为指导，根据个性化、本土化转化与特色发展的实际情况，充分考虑人文底蕴、科学精神、会学习、健康生活、责任担当、实践创新六大素养的基础原则，对核心素养校本化表达的必要性、遵循的基本原则及实施策略进行探究，探索更为完善、丰富、有效的校本化实施策略，以期进一步构建适合学生、学校、教师及其他主体未来发展的课程体系，形成具备战略意义的课程框架。

"指向核心素养的课程"是环翠中学在深化学校课程的科学编制与有效实施的探索基础上，立足学科实践，以素养发展为最终导向而个性化定制的集多元性、建构性和综合性于一身的课程体系综合性课程，具有超越知识本位对学校课程的束缚，统整分立与疏离的课程格局，规约学校课程设计秩序的现实意义。课程体系能够展现学校的办学特点，促进人才的全面发展。尤其是对于基础教育中现行课程、课堂进行理论和实践上的探索和反思，是深化课程改革的重要手段。课程实施中，让学生在不同的课程设置下完成学习任务，通过驱动性的任务提升素养，形成良好的品格和能力，过有文化意义和审美意义的学习生活。它是一种以项目化学习为统领，以单元整体教学为凭借，以"后茶馆式"循证教学为主要教学方式，在学生与知识之间建立双向循环，促进学生内在与外在素养之间的互动，生成良好的学习结果，并把学习结果以作业的形式展示出来的学习方式。它不仅关注"学以致用"，而且强调"用以致学"，助力学生文化、审美、反思和创造品格的生成与提升，让学生学会主动发现问题，学会独立思考问题，学会合作探究问题，学会归纳创新问题，聚焦学生核心素养的培养。

第二节　学校课程建设的现状分析

核心素养最终需要通过学校课程才能使学生获得终身发展和社会发展的关键技能、必备品格，课程计划的编写与设置必须以学生的素养发展为中心，使学校理念、育人目标、课程内容三者保持一致，从而提高课程的科学性、整体性、操作性，真正让课程发挥其育人价值。环翠中学指向核心素养的课程实施至今，教学效果显著提升，实现了从"单科片面"转向"复合发展"，从"任务驱动"转向"价值认同"。在探索的过程中，学校越来越清晰地认识到：国家课程在开发和制定过程中更加注重普适性和全面性；地方课程虽然具有地方特色，但也很难兼顾不同情况下不同学生需求的差异性；只有校本课程因其开发和实施的独特性，能够在尊重学生差异性的基础上，兼顾不同学生的发展需求。因此，学校必须深度解析目前课程实施过程中存在的问题，以促进课程的深入开展。

一、课程体系缺乏系统性，课程整合意识不强

课程体系架构是反映学校课程决策方向和实践模式的重要载体，是落实学生发展核心素养的重要途径，也是整体撬动学校育人模式变革的一个杠杆。课程体系的构建与实施是从顶层设计到微观实践的系统工程，也是一个逐步推进、动态实现的过程。尤其是建设校本课程，应对国家课程和学校课程进行整合，而不是简单地做补充。学校课程建设应基于办学规律和办学条件，建构学校课程愿景，从课程目标、内容结构、评价等方面统整规划，做好顶层设计。就目前学校课程建设来看，学校校本课程建设缺乏系统化的顶层设计，课程整合意识不强，虽然在国家课程本位化的基础上，补充增设了多种拓展性校本课程，但缺少对国家课程和学校课程的整合设计，并且课程结构层次不够具体明确，碎片化的课程设计缺乏对课程资源进行整合性的实施。此外，由于课程体系与结构缺乏系统性，课程内容相对分散，因此缺少与社区、家长的沟通，热闹的表象下面往往是传统模式的延续。

二、课程目标指向不明确，课程内容与核心素养的融合度不高

校本课程建设不是随意、任意的行为，而是经过认真研究、精心设计，有目标愿景、有操作要求的系列行为。学校经过调查问卷发现，在校本课程建设中，53％的教师对核心素养和校本课程的目标不够清晰，对学校学生核心素养的内涵理解比较困惑，没有头绪，不能全面诠释和表达。课程目标设置停留在素养培养的表层，还不能将核心素养结合学情、校情进行校本化转化，由于缺乏理论的专业指导而盲目效仿其他学校，课程建设存在"为校本课程开发而开发"的现象，导致了校本课程目标指向不够明确，课程内容与核心素养的融合度不高，没有体现出具体的核心素养要求。

以课程集群下的人文类历史学科为例，新修订的《义务教育历史课程标准》（2022年版）课标将习近平总书记关于培养"有理想、有本领、有担当"时代新人的要求作为构建历史课程体系的逻辑起点和落脚点，依据新的理念阐述课程目标，以更好地培养适应社会发展的高素质国民。可见历史课标的修订体现出了国家意志、时代要求与个体发展的要求，因此，教师只有在真正明确课程目标下的素养导向，才能在目标设置上努力发挥课程立德树人的教育功能。课程集群下的其他课程亦是如此，要明确核心素养的最高目标，实现育人模式由知识传授向培养学生核心素养转变。

三、学生学习方式偏传统，探究体验的空间较少，与生活实际联系较少

要落实立德树人的根本任务，真正实现课程育人理念，就需要探索与课程素养目标及其内容结构化相匹配的、具有学科特色的学习方式。只有学习方式发生了转变，学生的学习能力才能得到真正的提升。就目前课程实施的过程来看，学生的学习方式的变革仍是课堂改革的薄弱环节，学生学习还存在"重学轻习"和"以学代习"的倾向，过分注重"倾听"和"记忆"，"接受"和"输入"，很少有"输出"和"表达"，"思考"和"实践"的机会。尽管在许多课堂中，教师根据教学内容选择相应的主题，并在教学活动中创设研究、探索的情境，然后通过引导将学生引入情境中，让学生发现问题，并通过独立自主的思考、调查、实验、收集信息、分析、交流等诸多活动，对解决问题的方法进行探索，并在学

习过程中使学生形成探索、创新的能力，但是，在实际授课中，适合学生探究与体验的空间还是偏少，许多课堂的知识也不能真正地与生活实际联系起来，探究学习停留在表面，更无法通过跨学科、跨领域的学习促进学生主动学习和多元发展。在这种情况下，学生就没有了主动学习、独立思考的机会，学习能力得不到最大化的发展，创造能力也很难发挥出来，没有自己的主见，思维方式比较僵化。长此以往，学生对于学习也会觉得枯燥、乏味，这对学生的身心健康非常不利，由此，导致了只有知识的增长，没有素养的提升。

四、课程评价重成绩结果，评价改进、激励、发展等方面的功能发挥不够

科学的课程管理是让课程有效落实的重要保障，而课程管理的重要一环就是课程评价。以往教师的评价，大多是单一的、静态的、单维度的，这种只重分数的片面评价无法关注学生学习的过程和方法，更不能关注学生的情感、态度、价值观、创造能力等方面的提高和进步，因此如何将评价转变为综合性的、动态的、多维度的、具有发展性的激励性评价，关注学生的多元智力，多角度地了解学生，也成为课程闭环管理中的改革难点。环翠中学在校本课程评价方式上将基本过程性评价与总结性评价相结合，"自评"与"他评"相结合，通过评教与评学结合的方式，以形成性评价与终结性评价为主，实行延时性评价，推广激励性评价，关注生活化评价，主要是课堂观察、成果汇报、水平测试等。在评价结果的处理上，教师要保护学生的自尊心、自信心，减轻学生的压力和负担，帮助学生认识自我、建立自信，激发学生的内在发展动力。但整体来看，评价结果表现较为笼统模糊，多采用等级制，定量分析大于定性分析，不能完整地展现学生在校本课程实施中的成长和核心素养发展的细节；教师在坚持"以人为本"，把学生看成完整的人，关注学生的差异过程中，无法根据评价结果有针对性地进行因材施教。此外，对教师层面的评价主要是对教师教学规范的考核，忽略了教师在进行校本课程开发过程中的专业成长。

五、课程建设主体实践能力不足，缺乏专业指导

在课程建设过程中，教师的课程实践确实对于其课程能力的发展有重要作用。教师要从单纯的课程实施者变为集"课程的决策者、课程的开发者、课程

的实施者、课程的管理者、课程的评价者"等多角色为一体。很多时候需要教师自己完成一门课程的纲要制定、教材编写，这就需要教师必须具备一定的课程领导力，只有这样，才能将课程实施达到课程设置的出发点，从而与国家课程、地方课程一同实现学校的理念与育人目标。我们通过调研发现，教师虽然按照课程建设的规范性推动课程建设，有一定的自觉性、独立性，但87%的教师表示会更加关注国家课程以及升学的压力，在课程开发与课程建设方面的实践能力不足，缺乏系统的理论知识，存在课程观念上的畏难与误偏。课程建设相关实践经验不足等因素严重制约了教师的实践能力，如对校本教材的开发、教学方法的选择、学习方式的关注、信息技术的应用、教学情境的关联、教学活动的创设、教学评价的优化以及师生关系的构建等。

并且，校本课程实施面临的最大问题是缺乏专业指导，缺少课程资源。原因在于校本课程实施者大多为学科兼任教师，他们课业负担重、富余时间少，部分教师是被动地进入了校本课程建设中。因此，面对丰富的校本课程科目或主题，面对专业背景多样和对校本课程投入程度不同的教师，校本课程专业教师队伍的建设亟须加强。

第三节 学校课程领导力的校本化解读

未来环翠中学的课程建设体现在目标上，将以立德树人、培育核心素养为导向；在结构类型上将实现国家课程校本化、学科课程层次化、地方课程主题化、校本课程特色化；在课程内容上将追求综合化、融合化、体系化；在实施途径上将呈现多维化、多元化和开放化；在课程建设的手段上，将实现智能化、信息化、数字化；在课程开发的力量上，将形成专业化、群体化、草根化和伙伴化。这是一项宏大的教育工程，课程建设从规划设计、决策引领到课程开发、课程实施到课程管理与课程评价，都需要系统思考和强力推进。因此，不断提升课程领导力，保障指向核心素养的课程实施，是摆在学校管理者面前的一项重要课题。

一、厘清育人目标，提升课程思想领导力

开展课程建设首先要正确理解课程建设的意义，要把培养人、发展人、塑造人作为课程建设的主要价值来审视，准确把握办学目标和培养目标，善于用正确的世界观、教育观和人才观来统领课程建设。

着眼"立德树人"的时代要求，立足学生核心素养培养，环翠中学对学校文化进行系统梳理和重新定位。将育人目标确定为"培养新时代有信仰的中国人"，提出"爱国、友善、真诚、感恩、担当、开创"的六大基因，基于"让每个生命都绽放属于自身的光彩"的育人理念，打造环翠中学"问题解决者、心灵温暖者、责任担当者、幸福生活者"的毕业生形象；确立"润美教育"，其核心理念是"润泽生命，润美人生"。"润"是过程方法，源于对生命的敬畏，对教育规律的尊重，显现出四大特质——爱心、尊重、滴灌、留白；"美"是育人追求，源于内心的初心使命、坚实的责任担当，包含着三重意蕴：求真、向善、尚美；人人不同、人人精彩；家国情怀、全球视野。先进的学校文化和鲜明的教育目标为课程建设举旗定向，成为师生共同的信念和价值追求。

二、优化教育生态，提升课程理解领导力

要把课程价值观转化为学校课程建设的计划体系，既要保证国家课程和地方课程在学校里得到全面有力的实施，同时还要确保学校课程的积极有效落实，以形成学校三级课程科学合理的网络结构。这不仅需要价值认同，更要对新课程有充分的理解，需要花大力气不断优化学校的教育生态。

营造好生态的关键在于一群志趣相投、彼此成就的人，向着一个共同的目标进发。只有教师都心怀信仰，理解国家的教育方针、学校的办学理念、家长的所思所求、教育的规律经验，才有可能实现育人愿景。为此，学校着力于从多方面提升教师素养的能力。一是重点突出价值领导和多元参与。价值领导是前提，保证大方向正确一致，不至于各唱各的调；多元参与是路径，保证决策的民主科学，不至于演变成"一言堂"。比如，学校将班子会、级部会、班主任会、教研组长会、升旗仪式等所有会议有效贯通，将个人复盘、处室清单、班子会简报等有效信息有机衔接，形成了一条价值观的高效传导链，确保要点不会跑偏、不被稀释。每周的升旗仪式相当于全体师生大会，将家长也邀请进来参会，通过政策解读、主题宣讲、前置性沟通等方式，逐步让大家认同学校的价值追求。二是大力实施科研兴教。重点通过"情怀激发、课题研究、平台搭建"等途径，引导大家把师德与教育教学实践及其中的伦常关系紧密结合起来，将专业成长和教师素养与学生核心素养的培养紧密结合起来。师生关系作为育人情怀的"晴雨表"，很大程度上决定着教育质量。遵循"言、眼、颜、研、演、严"六字诀（言即言语温和、眼即眼神关切、颜即颜容可亲、研即研究教育、演即演绎精彩、严即严慈相济），将其渗透到班主任队伍建设、课堂教学、评优选先等各个方面，让师德养成的本质彰显为教师自身的立德树人。在课堂上，前三个字可以带给学生愉悦的情感体验，而这恰恰是学习的动力源泉之一；后三个字则可以引导教师不断提升自我，为课堂提供强大的力量支撑。同时，为提升教师的科研意识与能力，将各类大课题分解为小课题，做到人人有任务、周周有"开讲"、月月有评比，引导大家慢慢形成合乎学校育人理念的教育观，以及对职业定位和使命任务的独特架构课程体系，提升课程理解力、开发力。

三、开发课程资源，提升课程开发领导力

课程开发要从学校的办学实际出发，独立自主地带领教师开发国家课程、

地方课程和学校课程中的教育教学资源，以丰富课程建设的内容，拓宽课程建设的视角，使课程开发成为教师和学生共同成长的推动力。

每一位教师和每一位学生都是共性与个性的统一体。优质的课程体系，应该立足课程标准，高质量地完成国家所赋予学校的职责与任务，帮助学生养成一些通用的能力与素养。同时，还应该遵循"人人不同、人人精彩"的原则，根据个体不同的人格结构、潜质能力、兴趣志向等，创设缤纷多彩的情境与平台，让每个人都能获得价值感和归属感。重点夯实两大支柱。一方面，大力推进国家课程的校本化实施，立足培养核心素养；聚焦真实生活情境，基于具体生活情境设计内容，学以致用；立足学生认知规律与学科知识层级，把握课程深度；突出育人功能，着眼学生个体成长和人才培养，牢固树立"五育"并举的课程思想。在国家课程校本化实施的过程中，坚持以学生为中心、以学情为依据、以习得为重点、以思维发展为目的，从课堂教学、学习方式、能力拓展等方面进行"再加工"，力求让所有学生都能获得实现自我价值和自身发展所必需的技能和态度。像环翠中学开设的"鱼菜共生""制作简易灭火器"等拓展课程，让学生既能加深对学科知识的理解，又能涵养"勇于探究、技术运用"等核心素养。另一方面，立足校情开发校本课程。校本课程在学生全面发展、教师专业提升、学校特色建设等方面起到了举足轻重的作用，是学生个性化成长的广阔阵地。校本课程建设使得教师可以开发课程并验证其科学性和可行性，激发了教师的主体意识和研究意识。许多教师由于积极参与研发校本课程，才迅速提升了课程的目标意识、结构意识、资源意识、评价意识等，进而开始从育人的高度看待课程，将课程思维与教学思维相互转换。国家课程作为基础和底线，并不能完全满足学生的多元化发展需求。超越内耗、内卷，让教育本真起来、亮堂起来、美丽起来，这是环翠中学深化校本课程建设的理想与追求。如我们依托"润美德育校本课程的开发与研究"省级课题，开发润美德育校本课程体系，从育人目标出发，架构了理想信念、人文情怀、实践创新三个平行主题，下设6大课程群、26个子课程。组织架构上，成立相关团队，研究文化理念和学生需求，协调开发进程和走班实施。比如开发数学思维的小钱学森班和深受学生喜欢的编程、无人机等课程；流程推进上，借鉴斯基尔贝克课程开发流程，从情境分析、目标设定、方案编制、解释与实施、追踪与重建5个方面循环改进；人员保障上，合理地吸纳学生、家长，以及有一技之长的社会人士，形成了众人拾柴火焰高的局面。课程构建目标上指向清晰、内容上多元融合、方式上突出知行合一，既有面向整体的必修课程，也有发挥特长的选修课程，让每个孩子体味不同课程带来的滋养，给予更多自主选择和自由成长的空间。现在，环翠中学的升旗仪式、毕业典礼、研学旅行、雷锋志愿课程建设均卓有成效，已成为区域性品牌项目，在入学、升旗、毕业这些学生成长的关键时刻，学校通过"少年军校结业典礼""红歌咏流传""我的梦中国梦"等形式，培根铸魂，引导学生思考生命的责任、人生的方向，并让这些抵达灵魂深处的力量滋养学生的精神成长。

四、深化课堂改革，提升课程实施领导力

"双减"背景下，课堂的提质增效势在必行，而质和效往往取决于学生能否进行深度学习。只有当教师把育人情怀、专业理论完美融汇在课堂上时，深度学习才能真正发生，核心素养才能落地，学生才能得到发展。针对过于偏重学科知识、忽视知识的建构、弱化思维培养等现状，我们重点探索融合大单元教学理念的对话式课堂，努力让学生觉得学习有意思、有意义。在形成"四步八环"大单元教学操作模型的基础上，将对话与概念融合起来，升级为3.0版本，具体操作流程为"概念引入（情境创设、问题驱动）—概念建构（前知、人本、生生、师生对话）—概念巩固（自我对话）—概念运用（情境对话）"。以概念为统摄，努力实现知识的结构化；以前知对话为起点，更有针对性地引领学生进行知识建构；通过情境创设连接课堂与生活，切实增强学生的学习兴趣和问题解决能力。同时，我们还对作业设计进行通盘考虑，探索如何实现其与课堂教学之间的"互促"。比如，在优化作业的内容、难度、讲授方式外，设计出系列长线型项目化作业，引导学生从真实情境出发，在任务的驱动下，进行跨学科的探究合作式学习。像跨学科项目化学习"探秘刘公岛"，联动思政的红色教育、历史的甲午风云、地理的自然风貌及生物的生态属性等，引导学生对刘公岛进行"亲历—思辨—践行"式的全方位解读，最后综合运用不同学科内容，完成核心任务并进行展示。把课后作业作为课堂教学的"最后一公里"，从学习兴趣、习惯和成果三方面入手，以"分项评价""等级＋评语"等方式充分发挥评价的诊断、改进作用，积极构建以评促学的正向回路。

五、多元纵深评价，提升课程评价领导力

评价即诊断，也是课程领导力的重要组成部分。我们探索把"每天进步一

点点"的理念融入具体实践之中，不仅关注课程实施的全过程，还关注评价对象的主体性，更关注评价行为的诊断、激励和导向功能。

1. 课程建构评价

依据开发量表，从课程的整体设计和各部分的具体呈现两方面进行评价，包括课程目标、课程组织、课程实施、课程评价细则等维度，以此促进教师参与开发符合学情的优质课程。此外，以活动促发展、以活动促评价，也是一项重要举措。疫情之前，我们每年都举办课程节，融音乐、美术、科技、文学、戏曲、非遗文化等于一体，人人都可以在这个欢乐的海洋里尽情参与展示。即便没有才艺特长，学生也可以上台朗诵一首诗、唱一首歌，或是分享自己研学的影像资料与感受。此外，还有"红歌会""诚信剧场""经典诵读""诗词大会"等活动，全方位地滋养着学生的成长，是小草就让他摇曳生姿，是大树就让他顶天立地。

2. 课堂教学评价

再好的课程，如果没有与其价值理念相呼应，与其内容结构相契合的课堂教学，课程育人的精神主旨就难以转化为现实。因此，我们在逐级分解和细化评价指标的基础上，通过设立标准、制订量表、开展课堂大赛、实施学生评教等举措，重点从助学单、情境创设、驱动性问题、六个层次的对话(前知对话、生本对话、生生对话、师生对话、自我对话、情境对话)等方面进行观测，以强化评价的增值性。同时，通过教研组互助互学、级部会交流展示、全校推广应用等方式，鼓励教师深入思考、大胆创新，带着新理念去教书育人。

3. 学习效果评价

环翠中学的学生综合素质评价体系以品德发展、学业发展、身心发展、审美素养、劳动与社会实践为核心。内容上以"五育"为轴，时间上以年级为轴，空间上以学校、家庭、社会为轴，三个维度共同形成评价的新样态。年初进行诊断，通过大数据了解学生的基础发展状况；年中注意采集学生在课堂学习、素质测评、劳动参与、评优选先等过程中的数据；年末再进行对照，考察增值性情况。将来，即使学生毕业了，只要在系统内输入该生的账号密码，依然能够看到自己的成长轨迹，哼唱出属于青春岁月的美好旋律。

课程是学校教育的载体，反映了学校文化的个性，课程的品质决定着学校教育的质量。只有着眼于课程领域的改革，不断提升课程领导力，才能突破学校发展的瓶颈，创新学校课程，实现学校文化建设的新的价值。

第二章
设计——系统思维，优化课程体系

　　学校课程建设是内涵发展的必经之路，是育人的载体。《义务教育课程方案和课程标准》(2022 版)(以下简称"新课标")要求课程建设的价值取向由"知识本位"转向"素养本位"，意味着课程建设者要超越学科逻辑，转而关注每个学生独特个性的发展与面向未知世界的关键能力的习得。学校课程建设要将培养学生的核心素养作为课程理念的根本追求，将核心素养的具体内涵作为整合、重组三级课程的基本依据，将发展学生关键能力作为学校课程建设的质量标准。素养本位下学校课程建设的应然路径是：在多元主体共同对话中，搭建开放的课程架构；遵循学生素养的发展规律，设立横纵关联的课程体系；面向学生多元学习经历，设计多样化课程实践。

第一节 建构环中课程体系

新课程观要求学校课程具备素养特征、整合特征、贯通特征，这就需要我们跳出加加减减的思维，回应时代和学生发展的需求，重新审视学校课程的适切性，不断厘清课程的层次性和优化搭建方式，确保课程的有效开展和品质提升。学校视角的课程规划不是静态的，而是逻辑自洽不断调试的过程。学校课程体系的发展大致分为初级、发展、成熟三个阶段。

一、初级阶段

环翠中学课程体系的 1.0 版本在"生命化教育"办学特色的指引下，努力用课程的丰富性和多样性支持学生快乐成长。着眼整体性，系统框架，聚焦关键能力与必备品格构建了润美课程体系、润智课程体系、润德课程体系，总共分为 3 个大类、10 个小类、21 门课程，初步成型（见图 2.1）。

环翠中学课程体系作为环翠中学课程建设的初级阶段，整体的课程架构不够全面，课程架构的背景目标思考不足，缺少指向性和一致性，课程层级之间的逻辑关系与地位表述不清楚，并且有重复交叉问题。

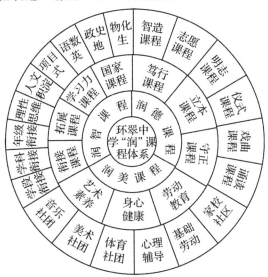

图 2.1 1.0 版环翠中学课程体系

教师对课程整合拓展重视程度不够，对各地教材的研究也不深，不能准确地找到学科整合拓展点，找到拓展点，具体操作也不具备连续性和梯次性。主题拓展实践课程主题不明确，操作思路不独立，和学科教学混为一谈，没有学科个性，也没有独立的评价操作体系；常规拓展实践课程实施操作能力不强，跟踪措施不给力，过程评价形式单一，学生整体展示层次较低，实施过程中教师对学生缺少必要的指导和帮助，导致课程实施效果不突出。

二、发展阶段

2.0版本课程建设围绕聚焦核心素养，有效开展教学，以国家课程和拓展实践主题课程有机整合，结合学校实际，站在课程改革的新起点，以积极主动的态度、理性的方式解决现实困惑，发现学校内涵式发展的生长点，用实践的力量找到整体变革的突破口。2.0版本课程的实践是学校课程改革和发展的必由之路，其重点是凸显课程的对应性，致力于"五育"并举，着力打造课程集群，刻意突出核心素养和单一课程之间的机械对应关系（见图2.2）。

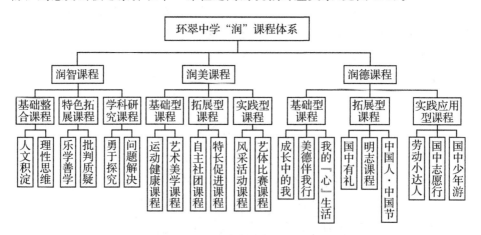

图 2.2 2.0 版环翠中学课程体系

基于学校育人目标的2.0版环翠中学课程体系侧重文化课程的实施与校本开发，凸显智育的培养；润智课程采用基础整合课程为主，特色拓展课程、学科研究课程为辅的模式架构。

基础整合课程聚焦人文积淀、理性思维两大核心素养的培养，对人文积淀、理性思维课程进行单元整体教学设计。人文积淀课程将语文、英语、历史、地理国家课程校本化，理性思维课程将数学、物理、化学、生物国家课程校本化。如语文将阅读拓展课程进行整合，数学将特殊与一般、函数与方程等进行大概念整合……

特色拓展课程聚焦乐学善学、批判质疑两大核心素养的培养，乐学善学类特色课程包括衔接课程（必修）、分层课程（选修）、学习力（必修），批判质疑类包括主题辩论课程（选修）与思辨阅读课程（选修）（见图 2.3）。

学科研究课程聚焦勇于探究、问题解决两大核心素养的培养，勇于探究类包括视野拓展与生活应用两门课程，问题解决类课程包括创新实验课程与造物工坊课程。

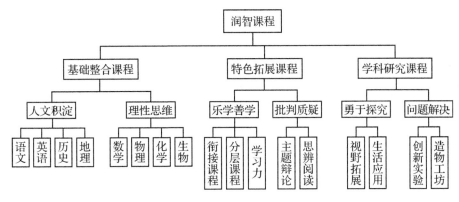

图 2.3　"润智"子课程框架图

基于学校办学特色的润德课程体系侧重德育、劳动教育课程的实施与校本开发，凸显德育与劳育的培养。润德课程采取基础型课程为体，拓展型课程、实践应用型课程为翼的模式架构。

基础型课程通过成长中的我、美德伴我行、我的"心"生活三大课程聚焦"爱国、友善、真诚、感恩、担当、开创"六大基因，并进行主题式教学设计研究。"成长中的我"课程从我，我与他人、集体，我与国家、社会三个方面进行心理健康教育。"美德伴我行"课程包含中国基因涵养主题班会、话题辩论主题班会两个主题班会课程。"我的'心'生活"课程包括爱自己、爱他人、爱学习三大课程。

拓展型课程包含国中有礼课程（必修）、明志课程（选修）、中国人·中国节课程（必修）进行学校特色德育课程群的开发与实践。国中有礼课程包括开学第一课、升学礼、入团礼、毕业礼；明志课程包括威海红色历史、致敬楷模、时政讲谈；中国人·中国节课程包括欢乐中国年、端午粽情、气清景明话清明、月是故乡明等内容。

实践应用型课程由劳动小达人课程（必修）、国中志愿行课程（选修）、国中少年游课程（选修）组成，进行德育综合实践活动的课程化开发与实践。劳动小达人课程包括快乐家政、快乐生产、快乐服务；国中志愿行课程包括善美讲堂、公益推广、雷锋行动；国中少年游包括打卡高颜值、探秘厚禀赋、走访深内涵（见图2.4）。

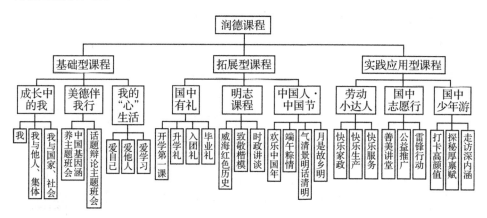

图 2.4 "润德"子课程框架图

润美课程体系侧重音乐、美术、体育课程的实施与开发，凸显美育。润美课程采取以基础型课程为本，以拓展型课程、实践型课程为特色的模式架构。

基础型课程通过运动健康、艺术美学课程聚焦新时代"五育"并举。运动健康、艺术美学课程进行主题式教学设计研究。运动健康课程由运动实践、健康促进组成。艺术美学课程包含审美感知、艺术实践课程。

拓展型课程由自主社团课程、特长促进课程组成。自主社团课程、特长促进课程进行学校特色艺体课程群的开发与实践，自主社团课程包括精彩体育、魅力音美；特长促进课程包括运动精英、艺术达人。

实践型课程通过风采活动课程、艺体比赛课程注重学生艺体技能的提升。风采活动课程、艺体比赛课程进行艺体实践型课程群的开发与实施。风采活动课程包括体育活动课程、艺术展演课程；艺体比赛课程包括体育竞技课程、音美才艺课程（见图2.5）。

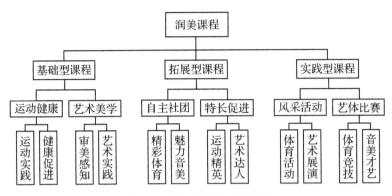

图 2.5 "润美"子课程框架图

2.0课程体系，课程结构理解不到位，将润美、润智、润德三大课程群细分为基础、拓展、探究，逻辑层次搞混了，彼此之间很难分清楚，整体架构烦琐不清楚，并且每个课程也并非指向单一的核心素养，这种对应本身就不合理。

三、成熟阶段

学校在深入学习《教育部关于全面深化课程改革落实立德树人根本任务的意见》《中共中央、国务院关于深化教育教学改革全面提高义务教育质量的意见》等文件的基础上，积极探索基于"文化、目标、能力"三个维度的3.0课程方案，重点加强德育、体育、美育等关键领域的课程体系建设，让核心素养通过"润课程"在环中真正落地，力求每个环翠中学学子都能绽放属于自身的光彩。为此，我们从"文化、目标、能力"三个维度分析入手来寻找实现课程落地的途径。

(一)基于文化

环翠中学的办学特色是"润美教育"(润泽生命，润美人生)，意味着做教育要像农业那样去精耕细作，根据每个学生的志向和禀赋，给予他们最合宜的阳光雨露。基于以上认知，我们认为每个学生都享有发掘并实现自己潜力和创造个人未来的权利，因此将课程文化定为"着眼学生幸福生活，培养未来合格公民"。在课程设计和实施过程中，秉承"每天进步一点点"的校训，努力追求课程的长远性和适切性，以"润"的情怀去滋养每一名学子。

（二）基于目标

当代青少年成长在一个思想观念多元交融的复杂环境中，必须从小在他们心中种下"爱党爱国爱人民，求真向善尚美，坚守原则底线"等信仰的种子，这也是立德树人的重要内涵所在。为此，环翠中学将育人目标定为"培养新时代有信仰的中国人"，具备"爱国、友善、真诚、感恩、担当、开创"的六大基因，具有"问题解决者、心灵温暖者、责任担当者、幸福生活者"的毕业生风貌。围绕育人目标，将课程设计和实施的重心从"学科"迁移至"社会"和"学生"，强调促进人的全面而又主动、可持续的发展。

（三）基于能力

环翠中学课程建设经历了三个阶段，第一阶段侧重于整合（学科内、学科间、超学科），第二阶段侧重于提升（拓展、特色），目前的第三阶段则侧重于深化。总体来看，课程逻辑分类、整体架构依然未能达到理想状态，一定程度上存在碎片化、表层化现象。有的课程预设很好，但在实际操作过程中，存在师资流动大、硬件不达标、受众面比较窄等一系列问题。课程评价体系较为粗放，以评价促发展的作用发挥不明显。

核心素养的校本化回答了"培养什么样的人"，那么"怎样培养人"的答案就蕴含于课程之中。环翠中学在原有学校课程建设的基础上，将"人的发展"作为课程建设的核心价值追求，梳理完成学校课程体系的架构工作。

学校依据办学理念与育人目标，进行了顶层设计，构建出以基础型、拓展型、探究型三大板块组成的环翠中学3.0版课程体系，使学校课程规划发展成为学校和教师赋权增能的策源地。

基础型课程侧重国家课程的实施，分为人文、科学、劳动实践三类。人文类包括：语文，政治，历史，美术，音乐，体育健康等。科学类包括：数学、物理、化学，生物、地理。劳动实践类包括：信息技术、劳动教育以及综合实践（见图2.6）。

拓展型校本课程包括润智、润德和润美三大课程群，突出德智体美劳全面发展。润智分为知识衔接类、能力拓展类和主题思辨类。知识衔接类课程关注学生发展的关键节点，为更好适应每个阶段的学习专门开设，分为：学段衔接、年级衔接和初高大贯通。能力拓展类关注学生学习能力的培养，分为：学习内驱力、记忆专注力、思维表达力。主题思辨类侧重学生表达能力的培养，分为：悦读悦写、道德与法治、模拟联合国、百家讲坛。润德又分为：基础素养类、情怀拓展类、志愿实践类。基础素养类分为美德班会课和明志心理课。

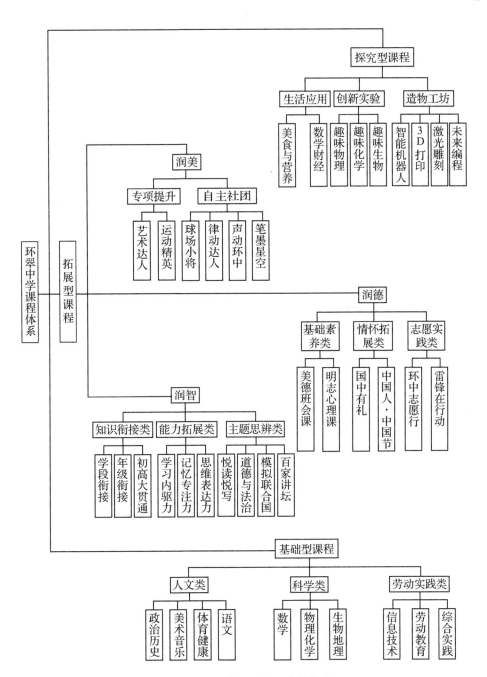

图 2.6 3.0 版环翠中学课程体系

情怀拓展类分为国中有礼和中国人·中国节。志愿实践类又分为环中志愿行和雷锋在行动。润美分为：专项提升和自主社团。专项提升又包括：艺术达人和运动精英。自主社团为学生自主申报参加的个性化社团，分为：球场小将、律动达人、声动环中、笔墨星空。

探究型课程侧重创新实践能力的培养，注重知识与生活的联系，包括生活应用、创新实验以及造物工坊。生活应用分为：美食与营养和数学财经。创新实验主要将课本实验进行创新应用，体现知识的迁移运用，包含：趣味物理、趣味化学、趣味生物。造物工坊主要为创客课程，分为：智能机器人、3D打印、激光雕刻以及未来编程。

总之，3.0版本以素养为主轴，课程目标的定位从"知识本位"转向"能力本位"和"人格品性本位"，进行了课程类型的调整与均衡，实现基础型课程、拓展型课程、探究型课程的百花齐放。其中基础课程盯住重点——学科素养，重视国家课程校本化实施，聚焦学生学习的根本部分；拓展课程关注广度——强化素养，从润智、润德、润美三个方面延展衔接，实现对国家课程的有益补充；探究课程突出要点——综合素养，融通现实生活进行项目化学习，在实践体验中培养问题解决能力。课程兼具规范＋选择，使课程体系更加全面，更有逻辑性，更有利于学生核心素养的提升。

第二节 环翠中学课程领导力三年推进计划

根据《威海市基础教育国家级优秀教学成果推广应用工作方案(2021—2023年)》要求，结合本成果项目的内容与特点，以及环翠中学课程与教学改革的现实情况，特制订本行动计划。

一、背景与需求分析

借助于学校发展的 SWOT 分析法，有助于我们更清晰地了解学校的优势、机会、不足及挑战，提升计划的针对性和有效性(见表2.1)。

表 2.1　环翠中学课程建设、学校领导队伍、教师资源分析表

项目	优势 S	不足 W	机会 O	威胁与挑战 T
课程建设	校本化探索积累一定经验。从最初的生命教育到现在的润美教育，十几年的探索尝试，积累了一定的课程建设经验，并形成了一些品牌课程，比如仪式课程、研学课程、创客课程、衔接拓展课程等。	1. 课程没有基于学情和学生需要；2. 课程的目标指向不明确，结构化不足，与学校理念的契合度不高，课程实施的随意性较大，课程评价跟进的不够，等等。	国家级优秀成果推广应用实验校。	教育形势与时代要求，倒逼课程改革。
学校领导队伍	思想统一、工作积极性高、执行力强，有一定的先进教育理念。	学校课程的顶层设计能力不足。缺少深厚的课程理论基础，对国家核心素养、学校理念的融合不够，课程架构科学性不足。	借助齐鲁名校长工作室、市名校长工作室以及上海方略的培训资源，对话课程专家、观摩优秀做法、学习优质学校，实施跟踪性、针对性有效培训与指导。	领导团队整体水平不均衡，部分新晋领导经验不足。

续表

项目	优势 S	不足 W	机会 O	威胁与挑战 T
教师资源	有一批区级骨干、带头人及名师。	1.自聘教师比例逐年增加,教师创新力不足,缺少经验; 2.专注教学,课程建设参与较少。	青年教师可塑性强,执行力强,积极性高。	由于分校以及政策等因素,教师流动性大,不稳定。

二、顶层设计

经背景研判与需求分析,对项目做初步设计(见图 2.7):

(一)构建模型

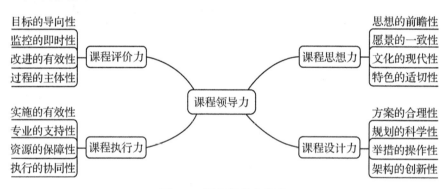

图 2.7 课程领导力模型

1. 课程思想力之"特色的适切性":着眼课程的区本化、校本化实施,关注相关者参与、互动过程,结合相关背景所形成的特色文化。

2. 课程设计力之"架构的创新性":落实"五育融合"精神,着眼于课程的跨学科架构,体现人文主义的"学为中心"的质量保障模型,以促进每一位学生全面发展和个性发展为基本任务,课程的架构可适当超越目前单学科架构模式,进行多学科整合和建构跨学科课程。

3. 课程执行力之"执行的协同性":着眼于课程教学共同体建设,着眼实施过程中的"大兵团"作战,建立教学智慧输出的动力模型,体现"多维社会互动"质量保障模型,协同多方力量,形成合力,提升教学质量。

4. 课程评价力之"过程的主体性"：着眼课程发展的自主研判，着眼学校教师的内生力量，着眼目标导向与实践过程的有机融合，着眼外部评价和内部评价的"同频共振"。

(二)任务驱动

如何基于校情、学情，建设科学性、适切性强、校本化实施的特色课程？我们以优势学科建设为核心，通过实施"单元整体教学""大阅读"工程，达成学科素养培育的目的(见图 2.8)。

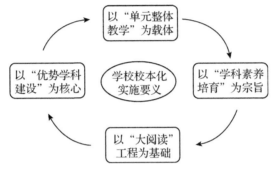

图 2.8 学校校本化实施要义

(三)子项目设置(见表 2.2)

表 2.2 环翠中学校本课程子项目设置表

项目名称	研究目标	研究内容	研究策略	成果形式
项目一：指向"润美教育"的学校课程规划方案的编制与优化	1. 提升学校润美教育课程的系统思考与整体架构的能力与意识；2. 撰写符合学校与学生发展的学校课程方案。	1. 学校课程方案的基本要素与内容；2. 特色学校课程方案的编制与优化。	1. 做好本学校课程基础调研与分析，明确学校发展及其课程建设的基本定位；2. 依据学校润美教育的办学理念，编制符合本校实际的学校课程方案；3. 依据课程实施实证性数据和评价分析，基于证据不断优化课程规划。	1. 项目的研究报告；2. 学校课程规划方案。

续表

项目名称	研究目标	研究内容	研究策略	成果形式
项目二：学科单元整体性教学设计与实施	1. 探索学科单元整体性设计路径，有效实施国家课程校本化； 2. 提升教师依据课程标准系统设计学科课程的意识和能力。	1. 学科课程标准、教材及课时的匹配性研究； 2. 基础型、拓展型、研究型课程的整合研究； 3. 学科课程群建设研究。	1. 依据学科课程标准，制定教学目标体系，内容组织及重点难点的分配； 2. 根据课程标准要求、教材和学生实际，研究形成校本化的单元整体性学科课程； 3. 根据三类课程之间、学习领域之间以及学科内容之间的联系，进行学科统整，构建学科群。	1. 相关项目研究报告； 2. 学科单元整体教学纲要与课时设计； 3. 部分学科课程标准细化方案的案例。
项目三：大阅读工程	1. 探索大阅读奠基的多学科联动实施与评价策略； 2. 构建基于核心素养的大阅读特色课程及探索跨校共享机制。	1. 多学科阅读内容的系统化开发与实施； 2. 多学科阅读联动实施路径的实践研究； 3. 多学科阅读评价体系的构建与实践。	1. 依据核心素养，构建整本书、素材拓展、项目化、地域化等全科阅读课程体系； 2. 研究实践，形成多种阅读指导策略； 3. 构建融过程性评价、表现性评价、发展性评价为一体的评价体系。	1. 四种阅读课程的阅读体系； 2. 初中阶段全科阅读指导策略； 3. 形成各学科表现性评价标准、量规量表。

(四)拟解决的问题

1. 根据学校课程计划的要素以及内涵，如何编制高质量的课程计划？

2. 如何通过单元整体设计有效实施国家课程校本化？

3. 如何提高教师的课程领导力，促进教师的专业化发展？

(五)解决策略

在进行课程建设的过程中，学校制定了三种解决策略：

1. 理论与实践相结合：在学习课程领导力相关理论的基础上，结合校情、学情探索实践，不断完善提高。

2. 经验与应用相结合：充分研究学习上海课程领导力的经验，坚持"原生＋创新"的策略应用到环翠中学的课程领导力的研究中，形成特色推进方案。

3. 典型与整体相结合：每个项目的研究都严格执行"理论研究与实践＋典型引领＋辐射带动＋整体推进"策略加以实施，从优势学科、优势项目、优势资源重点破冰，以点带面，层层推进。

（六）研究方法

环翠中学开展校本课程研究主要采用比较研究法、调查研究法、行动研究法和案例研究法，其中行动研究法为本项目所采用的主要研究方法。重点采用"边学习、边研究、边实践，以研究引领实践，在实践中完善提升"的行动研究方法，不仅是提升学校课程领导力的有效方法，还是促进校长、教师专业发展的根本途径。

三、工作目标

1. 编制科学完善的学校课程计划

以核心素养培育为目标，结合学校"润美教育"理念，明晰学校课程领导力的载体、提升路径和评价指标，建立重视证据采集分析、基于证据的课程计划完善路径，形成相对完整、系统、科学、规范的学校课程计划、实施方案。

2. 建立基础型、拓展型、研究型学科特色课程群

根据课程标准要求、教材和学生实际，以单元整体设计为整合策略，研究形成校本化的单元整体性学科课程。

3. 培养、造就一批课程领导力和执行力得到显著提升的教师队伍

深入开展"后茶馆式"教学研究、课程设计与开发、实施与评价全过程的行动研究，不断提升教师的课程思想力、课程设计力、课程执行力和课程评价力等要素构成的专业影响力。"后茶馆式"教学强调以效能为主导，让学生阅读概念性、认识性的内容，而教师仅对难点等原理性内容进行点拨。其核心在于"议"。

4. 培育内容丰富、成效显著的大阅读课程资源、优秀案例

形成学校经验和范式，丰厚教师人文素养和文化积淀，对教育理念、规律、方法的理解逐渐加深。

四、重点工作

1. 学校课程计划的研制与校本化实施

根据实际情况和办学特色，以内涵发展为目的，制订学校课程计划，优化学校课程结构，设计适合学生发展的课程体系，增强学校课程的适应性和创造性。在课程校本化实施过程中，我们将形成学校特色，提升内涵发展水平。

2. 大力推进学科课程建设与特色活动开展

在充分挖掘自身优势的基础上，我们以核心素养培育为主线，以提升教师课程实施能力为核心，以学科单元整体设计为策略，建构学科特色课程群，抓好学科队伍建设，抓实学科教研活动。努力通过特色学科课程建设和特色活动的开展，提升教师的教学能力、教研组的教研合力和学校的综合实力。

3. 开展以大阅读奠基的多学科特色课程建设和教学实践研究

在指向核心素养和思维提升的多学科阅读的操作实践中，我们进行了阅读内容体系化、实施路径策略化、评价设计表现性的研究。利用大量的多学科阅读的实践事例和学生在各类活动、竞赛的表现实例，进行分析研究，提取、总结有效的阅读方式和评价方式。

4. 开展基于高阶思维培养下的"后茶馆式"教学实践研究

我们采取行动研究法，边学边做，通过校本培训，学习掌握"后茶馆式"教学的基本特征、教学方式、教学手段、教学方法和教学策略。深入研究"前置体验"先学引导策略，通过情景设置、驱动问题、小组合作、小先生讲题措施，探索构建校本化课堂模式。在持续研究的基础上，积极进行课堂实践，开发出一系列能够体现"学生自己能学会的，教师不讲""关注相异构想的发现与解决""培养高阶思维能力"等先进教学理念的学科教学典型案例。

5. 总结提炼项目成果

我们开展不同规模、多种形式的研讨、听课观摩、成果展示等成果推广应用活动，及时总结梳理项目的阶段性和最终研究成果，形成环翠中学课程领导力提升的创新路径、实践机制和科学完备的课程计划、课程体系。

五、实施策略

1. 依纲照本，厘清思路

我们以《提升中小学课程领导力行动研究项目推广应用三年行动计划》为依

据，组建以领航工作室为首的专业化教研团队，融合学校已有的课程资源，合理进行项目规划，推进实施"聚焦问题理论指导、团队引领、强化过程"的研究策略，聚焦内容、明晰思路，形成共识、改进行动。

2. 加强协同，稳步推进

我们建立以领航工作室主持人为首的各教研组长共同参与的校本化协作团队，对已有项目进行论证，研究制定可视化的研究目标与内容框架图、研究过程与方法图、行动研究与路径图、任务分解与进度表等，提高工作效率，稳步推进课程领导力的探索与实践。

3. 坚持融合、不断创新

我们融合已有的成果推广模式，结合环翠中学的校情、学情，选取"原型＋创生"拓展型推广方法，通过再加工、再研究，形成校本化推广应用计划与实施方案，开发出适合环翠中学课程领导力发展的评价指标和应用工具，为教学改进提供数据支撑。

六、进度安排与任务清单

(一)启动实施阶段(2020 年 9 月—2021 年 2 月，见表 2.3)

表 2.3 环翠中学组建课程任务阶段成果表(一)

时间	研究目标	责任部门	阶段成果
2021 年 2 月	1. 组建课程名师工作室，确定工作室制度。	教务处	1. 完成工作室启动计划；2. 形成前期调查报告。
	2. 积极参加专题培训，全面深入了解成果内容，结合环翠中学实际，确定本阶段推广应用点与深化研究创新点。	工作室	
	3. 基于大阅读前期工作的开展进行问题梳理，对当前的阅读方式、课程内容等形成调查报告。	教务处	

(二)典型引领阶段(2021年3月—2022年2月,见表2.4)

表2.4　环翠中学组建课程任务阶段成果表(二)

时间	研究目标	责任部门	阶段成果
2021年 3—4月	1. 积极参加课题推广的各种层级培训与研讨,学习上海课程领导力成果与经验,提高对课题的认识与领悟能力; 2. 结合区项目组的总体要求,编写课题行动三年计划; 3. 精准阅读专业书籍。	教务处	1. 完成学校课程领导力三年行动计划一稿; 2. 教师读书报告。
2021年 5月	1. 参加市级项目启动大会,学习领会项目总体要求,结合专家诊断,修改完善三年行动计划; 2. 学校课程领航工作室围绕行动计划,开展系列研讨与学习,提升计划的执行能力; 3. 撰写学校课程计划。	教务处＋校课程领航工作室	1. 二次修改完善课程领导力三年行动计划; 2. 工作室完成校级课程研究成果展示交流一次; 3. 完成学校课程总方案。
2021年 6月	1. 参加项目组培训学习,结合专家诊断,修改完善学校课程总方案,并参评山东省优秀学校课程方案评选; 2. 单元整体设计实施策略与路径研究。	教务处	1. 修改完善学校课程总方案; 2. 各学科形成单元整体设计研究方案。
2021年 9月	评选优秀学科单元整体设计方案,并邀请专家诊断方案。	教务处	修改完善形成优秀学科单元整体设计课程方案。
2021年 10月	开发课程实施证据采集工具,采集、分析证据。	工作室	形成课程实施评价体系与可测工具。
	观摩上海名校,学习其优秀做法。	课程骨干团队	完成学习报告。

续表

时间	研究目标	责任部门	阶段成果
2021年11月	形成多学科阅读体系。	教务处	形成整本书阅读、素材拓展阅读、项目化阅读、地域化阅读等阅读体系。
	"后茶馆式"课堂教学专题学习。	教务处	阅读相关书籍，形成学习反思。
2021年12月	优秀学科课程实施阶段展示。	教务处	形成典型课程实施经验报告。
	"后茶馆式"课堂教学实践研讨。	教务处	形成学校实施计划。
2022年1—2月	期末总结评价，进行反思，启动二轮操作。	教务处	1. 完成一轮课程实施总结； 2. 完成二轮课程实施方案。

(三)全面推进阶段(2022年3月—2023年2月)

1. 按照基于证据的课程体系，全面推进课程领导力的常态化研究与全面落实，积淀教学案例和阶段成果。

2. 以展示交流为阵地，总结梳理阶段成果，调整布置下一阶段项目研究工作，持续全面推进项目研究，促进项目推广工作有序实施和高效运作。

3. 在日常阅读、活动竞赛等过程中，形成批注式阅读、任务单引领式阅读、项目式阅读等多学科联动阅读策略；建立多元评价机制，采用自我评价、教师评价、同伴评价等多主体评价相结合，结果评价与过程评价相结合，定性评价与定量评价相结合，表现性评价与纸本评价相结合，同时注重增值性评价。

4. "后茶馆式"课堂教学实践，是在理论培训的基础上展开的全面课堂实践，以校级工作室为研究阵地，通过课例研讨、赛课等方式，打造一批优秀骨干教师，并开发出一批优秀课例，逐步改变教师授课模式与学生学习方式。

(四)总结提升阶段(2023年3月—2023年10月)

1. 开展成果报告、案例撰写专题培训，全面梳理总结项目应用和转化情况。

2. 完善学校课程的文本和行为，明确结项评估要求，形成一批优秀的、可复制的课程计划、校本课程体系等可操作性强的成果。

3. 召开成果展示大会，交流优秀成果经验，评选表彰项目推广应用先进教师、示范教研组。

七、成果预设

1. 积累形成课程相关资料，完成学校特色课程总体方案；
2. 教师整体课程领导力水平得到提高，撰写报告，发表相关研究论文；
3. 形成大阅读奠基的多学科联动实施与评价策略及案例；
4. 探索形成"后茶馆式"课堂教学模式与评价机制。

八、保障措施

1. 强化组织保障

要充分认识提升课程领导力的重要性、紧迫性和艰巨性，成立课程领导力提升项目推进领导小组，统筹协调各项工作，做好相关资源保障，明确分工，落实责任，制定具体组织实施方案，切实把提升环翠中学课程领导力作为重点任务和有效抓手，纵深推进课程改革。

2. 强化舆论保障

提升课程领导力，需要校领导、中层领导和一线教师形成合力，共同研究和推进。因此，要坚持正确的教育观和质量观，树立积极的舆论导向，广泛宣传本行动计划的重要意义和主要措施，使广大教育工作者深刻理解本项工作的意义和措施，营造良好的舆论环境。

3. 强化制度保障

要以学校课程方案研制为前提，提高课程规划的科学性；以生成性教学研究为重点，提高课程实施的有效性；以特色课程的完善为突破，提高课程建设的全面性；以教育教学环节优化为关键，提高课程管理的适切性；以教师队伍整体发展为保障，提高课程改革的长效性。实现项目推广课题化，课题研究精准化。要加大成果推广应用的考核力度，形成激励评价新机制。

第三节 开发学校精品课程

党的二十大报告提出，"我们要办好人民满意的教育，全面贯彻党的教育方针，落实立德树人根本任务，培养德智体美劳全面发展的社会主义建设者和接班人"。教育作为一项面向未来的伟大事业，让每个生命都能在校园里找到价值感和归属感，学生才有力量，未来才有希望。学生绽放的舞台主要体现在高质量的课程、课堂方面。为此，我们积极开发精品课程，始终坚持以学生发展为本，从尊重学生差异、满足学生需求出发，根据不同门类的课程，选择不同的实施方式，力求让所有学生都能获得实现自我价值和自身发展所必需的技能和态度。

一、"雷锋行动"志愿实践课程

针对德育工作常常失之于假、失之于大、失之于空的现象，我们提出要做像雷锋那样的人，真正提高师生的品德、品行，办学的品质、品位，着力赋予其新的时代内涵，积极培养"爱国、友善、真诚、感恩、担当、开创"的"新时代有信仰的中国人"，培植一方人人绽放的育人土壤。在全国劳动教育大会上，成尚荣老先生也特别指出服务性劳动要公益化，要让公益精神在服务性劳动中生长出来，让学生利用知识、技能等为他人和社会提供服务，在公益劳动、志愿服务中强化社会责任感。为此，我们选定以传颂"雷锋精神"、践行"雷锋行动"为切入点落实雷锋志愿服务性劳动。为落实雷锋志愿课程，学校聘任全国第 22 任雷锋班长吴锡有和雷锋辅导过的学生刘静为校外辅导员，经过近几年的耕耘，环翠中学志愿课程的雷锋内涵、师生言行的雷锋特质越来越明显，雷锋志愿课程日益成为一道亮丽的风景线！

（一）课程目标一体化，聚焦雷锋精神的价值取向

2015 年的国际志愿日，鞠伟校长邀请全国道德模范孙茂芳为全体师生带来"做雷锋的种子，让雷锋精神永放光芒"的分享会，在环翠中学校园内埋下了一颗种子。以终为始，我们一切的起心动念是从这颗种子开始的。九年来，雷锋精神在环翠中学落地生根，以新时代雷锋精神为教育素材，以践行雷锋精神为教育路径，坚持价值性和知识性相统一，分学段从劳动观念、劳动精神、劳动能力、劳动品质和劳动习惯等方面，通过逐步设置了解雷锋、感受雷锋、体味雷锋、践行雷锋等具有螺旋上升特点的学段教学目标，从不同层次诠释"人生价值"。

(二)课程内容一体化，认同并乐于传承雷锋精神

志愿课程注重贯通性、凸显价值取向、贴近学生现实，通过梳理循序渐进，聚焦劳动过程中从"知"雷锋精神到"明"雷锋精神，再到"行"雷锋精神，着力打造三类课程，沉淀出具备大爱精神的志愿服务独特品质(见图2.9)。

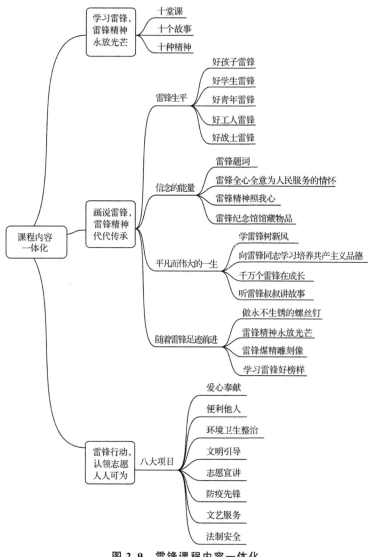

图2.9 雷锋课程内容一体化

课程一：学习雷锋，雷锋精神永放光芒——"品味雷锋精神，感受幸福滋味"。聘任全国第22任雷锋班长吴锡有同志担任辅导员，每年通过军训红色课程开设10堂雷锋种子课程，共30个故事，将"热爱党、热爱祖国、热爱社会主义的崇高理想和坚定信念"充分融合；节选10个红色故事、10种雷锋精神，以现场讲座、线上讲学、远程指导等形式，将雷锋精神植根于环翠中学。在开学第一课上进行学年表彰，颁发雷锋班级锦旗、授予雷锋银质勋章，鼓励学生争做"新时代雷锋"（见图2.10）。

图 2.10　争做"新时代雷锋"

课程二：画说雷锋，雷锋精神代代传承——"解读雷锋精神，解锁幸福密码"。以校"雷锋讲解员"为渠道，培养一批具备未来公民核心素养的社会主义接班人，通过4个主题、16幅画、1首歌曲将宣讲活动走深走心、入脑入心，辐射带动全市中小学对口开展参观研学活动。孩子们利用周末时间，亲身讲解一幅幅珍贵的照片、一件件优秀事迹、一篇篇日记文字，传播雷锋短暂而伟大的一生。并先后与山东大学、济南名师团队、翠竹小学、南山小学、实验小学等单位、团队多次进行育人联谊活动，以更坚强、更持久的志愿服务意志传播真善美，培养高贵的劳动品格。目前，雷锋纪念馆已成为传颂雷锋精神的研学基地。学校已经梯次化培养了3批近百人的宣讲队伍，累计服务16批1200余人次（见图2.11）。学校每个班级都有雷锋队伍，每个级部都有金牌宣讲员，

图 2.11　"画说雷锋"代代传承

学校人人讲雷锋、人人学雷锋。"凡益之道，与时偕行"以行动丰盈内心，彰显担当，共同奏响青春之歌。

课程三：雷锋行动，认领志愿人人可为——"认同雷锋精神，奋斗幸福人生"。结合威海新时代文明实践要求，我们邀请全国志愿服务项目大赛评委共同研讨制定了8个领域，分别是爱心奉献、便利他人、环境卫生整治、文明引导、志愿宣讲、防疫先锋、文艺服务、法制安全；学生在校4年，需完成不少于40小时志愿服务活动任务，获得相应的志愿实践学分；每名教师每年需完成不少于10小时的服务时长；每学年开展一次志愿活动表彰会，评选出优秀师生志愿者，分享活动感悟和成长体会，树立道德标杆；结合中学生学情，聚焦雷锋精神，根据时间、精力、身心发展特点等开展主题教育，以鲜明特色实现协同育人（见图2.12）。

图2.12　认领志愿项目，践行"雷锋行动"

(三)实践活动一体化，生活中积极践行雷锋精神

1. 打造威海市首座校内雷锋纪念馆

习近平总书记强调：我们既要学习雷锋的精神，也要学习雷锋的做法，把崇高理想信念和道德品质追求转化为具体行动，体现在平凡的工作生活中，作出自己应有的贡献，把雷锋精神代代传承下去。9年来雷锋精神就像一座灯塔，照耀着环中人的心灵，引领我们打造了威海市首座雷锋纪念馆。馆内陈列有20世纪60年代毛泽东、周恩来、刘少奇、朱德、邓小平等老一辈党和国家领导人为雷锋题词的手迹宣传画，以及同时代景德镇出品的帽筒、笔筒、大铜章。镇馆之宝分别有20世纪60年代至20世纪90年代毛泽东等老一辈革命家为雷锋题词的《人民日报》《光明日报》《中国青年报》《文汇报》的原件报纸，煤精雕刻雷锋像等。

2. 践行服务性劳动，寻找最美的自己

在校园岗位体验中确立了"我为人人、人人为我"的核心理念，通过校务、班务、学校自主社团、学生会、志愿岗，在校园卫生保洁、垃圾分类处理、新

生报到、小先生开讲、互帮互助等事务中，关注学生的参与情况及所思所想所评所获，使学生养成"主动、积极、认真"的劳动习惯，锤炼他们"持久、传承、攻坚、克难"的毅力和恒心。孩子们在校园里就是这样每天进步一点点，在互相陪伴里，在过往中，在校园的每个角落都留下了最美的身影，体味着成长、变化和收获。

怀揣大爱精神，学校成立了威海市第一个学生应急救援自主社团。在国际志愿者日，每年都有 51 名环中学子，通过 16 课时的培训获得结业证书，成为合格的应急救援志愿者。在环翠中学校园，拥有心肺复苏等急救技能在日常生活中能及时对同学伸出援手，升旗时低血糖学生有人关怀，下楼时受伤的学生有人处理，运动会突发状况时有人进行包扎，在希望和温暖中共建和谐平安校园。

构建"网络同心桥"，以云志愿的方式选拔 18 名优秀学生帮助偏远山区的小学生，与雷锋战友乔安山曾经就读的偏远山区小学，制定一对一帮扶名单及相对应的个人计划。帮扶前认真备课，提前准备好课件及微课视频，主要内容涉及自我介绍、经验交流、难题讲解、精致威海文化宣传等。孩子们制作了自我介绍纪念卡片，通过相互了解学习和生活情况，有针对性、接地气地予以帮扶，被帮扶孩子点燃了希望重新找到努力方向，我们的学生也在这场青春之旅收获着感动与成长。通过线上教育扶贫，将雷锋的种子传播到了更远的地方。以此为题材，环翠中学师生改编了戏剧《环中志愿在行动》，孩子们用感人至深的表演使戏剧荣获了区市大赛一等奖，鞠校长也自豪地为孩子们点赞。

小手拉大手，辐射家庭带动社会。学校通过塑造学生品格从而指导行为，让服务性劳动逐步成为一种习惯，依托校级雷锋班举办威高广场"梦开始的地方"公益快闪活动，累计服务时长 728 小时，有 242 名市民签名承诺参加公益活动。紧随全国"雷锋班"引领，环翠中学通过融媒体平台已续写近 20 篇"雷锋日记"，激励学生"知雷锋、爱雷锋、找雷锋、做雷锋"。学校通过走进老年公寓、为环卫工人送早餐、爱心义卖捐助孤独症儿童、"信用进社区""绿化带认领"等公益活动，加强志愿者队伍建设，提升志愿者专业水准，形成家校社三者紧密联系的正能量辐射圈。

秉承着"每天进步一点点"的校训，环翠中学在喜迎党的二十大的大背景下，精心举办了以"逐梦青春赛道，共赴时代之约"为主题的"开学第一课"（每年都有雷锋专题）。学校通过青春主题演说、歌曲展演、思政课、荣誉颁发等形式，激励广大师生以青春之奋斗不负时代、不负使命。"开学第一课"上，雷锋生前辅导过的学生、1962年给雷锋敬献红领巾的刘静，为师生现场讲述雷锋故事并签名赠送照片。她从与雷锋同志在一起的点滴岁月讲起，通过一件件平凡而伟大的小事，道出了雷锋同志对学生、对祖国、对人民的爱和情，让雷锋精神的种子深植孩子们的心田（见图2.13）。有同学说："通过活动，我了解到雷锋精神有很多，比如'一颗钉子肯钻研'的精神，'一把火燃烧自己'的精神，接下来我会把雷锋精神融入自己的学习生活中，同时我也会呼吁身边的同学学习雷锋精神。"

图 2.13 "梦开始的地方"志愿公益快闪

二、"环中有礼"情怀拓展课程

优秀的教育一定带有程序上的合理性，力量上的穿透性，善于将育人价值取向、内在意蕴、行为方式、评价标准等，通过各种方式在学校弥散开来。"环中有礼"仪式课程包括开学第一课、升学礼、入团礼、毕业礼，让品德在生活中生成并融入生活，回归生活，让德行植入孩子心灵深处，提升学生人文素养，将环中基因以更为生动的方式植入学生心中，让学生时时刻刻都处在真善美、正能量的氛围里，在学、思、行的过程中向阳生长。

当代青少年成长在一个思想观念多元交融的复杂环境中，必须让他们从小在心中种下"爱党爱国爱人民，求真向善尚美，坚守原则底线"等信仰的种子，如果说在空间维度上"常做常新"很重要，那么在时间维度上"久久为功"同样可贵。仪式课程就是围绕入学仪式、每周的升旗仪式、入团仪式、毕业仪式等进行教育活动，形成一个与学生身心成长相契合的仪式教育闭环。

案例1　"升旗课程"

升旗课程是围绕学校育人目标，融学校发展理念下的班级文化、师生仪式教育、主题化宣讲、品牌老师学生的事迹推广、全校师生的誓言于一体的课程教育，是学生思想教育的有效手段，凸显学生精气神，体现环中精神。将校园文化、班级文化、红色教育融为一体，承办班级进行"1＋X"红色主题展演，即经典歌曲展演＋红色诗歌朗诵或红色故事讲述或红色党史宣讲，做到少先队员、团员、党员分别亮相开讲，国旗、党旗、团旗、队旗交相辉映，满目皆为中国红，以一种诗意的方式诠释着党团队一体化，从立大志、明大德、成大才开始做起，让奋斗成为青春最靓丽的底色。

以初一7班升旗实施方案为例。

1. 主持人开场

主持人宣布第几周升旗仪式开始，介绍周次和本周组织升旗仪式的班级、升旗手、护旗手的情况：

环翠中学第8周升旗仪式现在开始。

承办本次升旗仪式的班级是我们初一7班，我是主持人周舟。担任本次升旗手的是：董昊，护旗手：刘宇航、于潇南，指挥：林嘉怡。

2. 出旗

出旗时，在场的全体师生立正站好。升旗手双手握住旗杆，旗帜扛在左肩，使国旗始终处在全体师生能看到的明显位置。升旗手和护旗手要正步行走至升旗台下，同时从不同的方位走上升旗台。到达旗杆底部时，护旗手把绳子解开，把旗帜挂牢在绳子上。出旗时，师生不用敬礼。护旗手在升旗台下，面朝旗帜立正站好；主持人退到升旗台的一角，待旗帜挂好后宣布进入第二项。

①全班方队出旗

看，秉承着每天进步一点点的校训，带着青春的活力，迎着朝阳，初一7班正向我们走来。

（先喊口号，再到方队）

我们初一7班又名扬帆7班，俗话说："浩渺行无极，扬帆但信风。"象征着7班全体同学扬帆起航，在知识的海洋砥砺前行。一路上，我们团结一心，勇往直前，不断超越自我。老师、同学共同努力，每天进步一点点，扬起风帆，到达梦想的彼岸！

（整队：稍息，立正，向前看齐，向前看，向左转，跨立!）

②班级宣誓

请初一7班全体同学举起右拳，跟我宣誓：

读书明理善学，明辨是非曲直。

勇于责任担当，拥有良好心态。

自信创造奇迹，拼搏成就理想。

团结铸就辉煌，创新开拓梦想。

努力求实奋斗，当好国家栋梁。

③宣誓毕，立正

3. 升国旗

奏国歌，全体师生行注目礼，护旗手在国歌前奏结束时，立即把国旗甩开，升旗手徐徐升旗，升旗手要掌握好升旗的速度，不可过快或过慢，国歌奏完时，国旗升至杆顶，由升旗手和护旗手将升旗绳固定好。全体师生同时礼毕。升旗手退回到升旗台下，与护旗手一起正步行走回到出发点，面向升旗台立正站好。当升旗手退到台下时，主持人宣布进入下一项。

主持人：

下面进行第一项：升国旗，全体师生唱国歌。

（具体要求）合唱国歌。唱国歌，态度庄重，声音响亮，节奏准确，口齿清晰。

（唱国歌结束）全体同学跨立。

4. 国旗下讲话（演讲）

讲话时要用普通话，自然流畅，语气生动，富有感染力、号召力。

下面进行第二项：国旗下宣讲。

下面进行第三项：红色歌曲展演《我和我的祖国》。

全体同学变队！

5. 领导就上周工作进行盘点

围绕学校文化、工作重点及进展进行主题化盘点。

下面进行第四项：有请教务处邵晓燕副主任进行上周工作盘点。

盘点稿：

初四的同学们，在环中我们经历了无数的风风雨雨，哭过，笑过，苦过，乐过，这里留下了你们的印记，也开拓了你们独有的天地。

初一的同学们，这是你梦开始的地方，日出日落，云卷云舒，我们共同在这里成长，享受阳光岁月，请不要辜负学校对你们的期望。

请全体初一、初四全体学生向左、向右转，接下来就请初一的学弟、学妹将你们手中的贺卡进行传递，也请初四的学哥、学姐真诚地收下这份祝福。

在此刻，这些凝聚了初一同学爱与祝福的卡片将在初四的学哥学姐手中传递，希望你们能够抓住最后的时光，戒骄戒躁，追逐梦想、创造辉煌！

初一、初四全体学生向左向右转，对正站好。

初四的同学们，不仅初一的学弟、学妹给你们送来了祝福，全校师生也都在给你们加油打气。疫情防控期间，相信大家都很有感触，陪伴你们的每一位初四年级部的老师在这段时间既是严师也是慈母，给予你们无微不至的关怀和呵护，与你们朝夕相处、全力以赴，正是他们奠定了学校发展的基石，给你们注入了成长的力量。这一年定是不易，在此刻也定是不舍，我们突然发现，原来有一种身份叫环翠中学老师，有一种精神叫奉献执着，有一种情怀叫激励成就，每一位老师都是一支队伍，而环翠中学的教师团队就是坚不可摧的长城，请将掌声送给环翠中学中最可爱的老师们，也再次用掌声祝福即将踏上战场的每一位环中学子，愿你们信心满怀，载誉归来。

同学们，这个学期虽然时光短暂，但是精彩不断，上周的课堂大赛，骨干教师立己达人，以不同的教学设计风格展示了环翠中学骨干教师课堂教学的魅力，通过校领导和教研组共同研讨交流，多角度进行评价并提出改进意见，促使环翠中学区级骨干教师真正成为引领、推进新课程的带头人，在环翠区初四复习课程纲要评选结果中：环翠中学遇广智、赵彩红等老师获得一等奖第一名的好成绩。

初一级部通过开展旧物改造优秀作品展评，美化了校园环境，对创设校园劳动氛围起到了积极引领作用；校学生会举办学生会干部竞聘大会，选举出主席1名，副主席2名及六部部长各1名，厘清工作思路的同时，各位学生会干部热情高涨，纷纷表示将在秉承环翠中学基因基础之上，踏实奉献，用心做好每一项工作。

美术组精心布置"众志成城战疫情 不忘初心颂党恩"画展：干湿点染中，包容了整个大自然的色彩，一勾一画里，蕴含着老师和学生无尽的情思。整场画展分别由六大板块展示不同主题的绘画作品，时间紧任务重，每一位备展同学克服困难、倾情付出。例如初三的龙煜杰同学，放弃午休奔走于六楼连廊，以积极的心态面对每一次挑战，在不断超越中成就自我；再如靳敏同学，虽不善言辞，但在接到解说作品任务时，一口答应并勤加练习，最终以饱满的精神状态，突破自我给全体师生带来了独特的艺术见解。同样表现精彩的还有王雨涵、董亚飞、孙嘉怡、曲美英、姜雨晴、王一涵、邓竹颖、王怡佳、谭立科、金韵等同学，本次画展全部由学生作为讲解员来解读和升华作品内涵，既展现了良好的自我风采，又与参展师生产生了对艺术理解的强烈共鸣。

我们经常说，在环翠中学，教师工作的状态就是最美丽的状态，备展期间美术组全体老师对每个细节精雕细琢，一个个奋斗的身影无不彰显着环翠中学精神，欣赏画展的同时我们感受到的不仅仅是感动和震撼，更感受到一种向上、向善的团队凝聚力。其实每一幅艺术作品的产生，最终要依靠每一个欣赏者的心灵去咀嚼，就像一个人的吸引力不是他的才华，不是他的权力，更不是他的容颜，而是彼此间带来的踏实和善良，是在一起共事的幸福，环翠中学的每一位师者都愿意义无反顾、一如既往地去完成自己最喜欢的那份工作，即使再苦再累，我们也会愉快地坚守。做好平凡事、练就平凡心、走好平凡路，终将跨越山河大海。乐观、自信、向上是所有环中人的豪情，前程无须设计，身处何处，何处便是前程，既然选择了远方，便只顾风雨兼程。心有所信，方能远行，环中未来必定阳光灿烂！

6. 师生宣誓

下面进行第五项：请初四2班林泽君同学引领全校师生共同宣誓。

学校誓言：（全体同学立正）

敬爱的老师，亲爱的同学，

请举起右拳，跟我宣誓！

我骄傲，我是中国人；

我自豪，我是环中人。

懂感恩，用真诚传播爱心；

讲文明，用优雅彰显内涵；

守诚信，用自律践行承诺；

担责任，用行动肩负使命。

我自尊、我勤奋、我执着，

每天进步一点点，让世界因我而美丽！宣誓毕！

7. 升旗礼毕

威海市环翠中学第8周升旗仪式到此结束。

演讲结束，主持人宣布升旗礼毕。各班按序退出，保证退场的过程秩序良好，不得高声喧哗。主持人和演讲人把主持稿和演讲稿交德育处保管存档。

升旗课程每一环节无不展示着学生的精神气质，诠释着责任与担当；国旗下宣誓，肃穆庄严，阵势雷霆，以铮铮誓言引领"环中学子"，每天进步一点点，让世界因我而美丽。学校中层每周工作主题盘点，鼓舞士气，亮出问题，以问题为导向为学生发展竖起了方向标；升旗课程以规范的程序、厚重的底蕴、宏伟的场面，时时震撼着师生的心灵。在每周一，并不宽阔的环中操场因为能量的凝聚形成强大的育人磁场，国旗、党旗、团旗、队旗交相辉映，以一种诗意的方式诠释着党团队一体化，从立大志、明大德、成大才开始做起，让奋斗成为青春最靓丽的底色！

案例 2 "毕业修远"课程

毕业课程，以榜样引领、注重体验、启发思想为主线，通过开展主题教育活动，有意识地把理想信念融入教育中，以和谐关系为核心，通过"生生情寻梦""师生情筑梦""亲子情逐梦""家国情圆梦"4大板块带领学生打开记忆之门，跨越时空，在故事的讲述、情感的表达、青春的领悟中带着梦想和激情绽放最美的自己。例如"家国情圆梦"板块，我们通过"我和我的祖国""百年恰是风华正茂""我的未来不是梦"三个环节层层递进，创设红色育人能量场。当学生们随着时光机将四年的成长与祖国发生的大事进行串联回顾，再结合"建党百年""建团百年"等大的时代背景，细细品味"百年恰是风华正茂"特色展演，看看身边同伴和自己的"我的未来不是梦"展播，历史与现实的交汇形成了跨越时空的磅礴伟力。作为教育人，我们不忘初心，为学生上好理想信念的最后一课，为毕业生厚植家国情怀、筑牢理想信念，让孩子带着满满的正能量为国家和人民去拼搏、去奋斗。

以2021届毕业典礼实施方案为例。

开场：

尊敬的各位领导、老师，亲爱的同学们，今天，是我们在环翠中学的最后一次升旗，担任本次升旗仪式的是初四级部代表队，让我们一起见证并铭记这一时刻吧。

看！他们正斗志昂扬地向我们走来！

（体委领喊"一二三四"，齐喊"一二三四"齐步走、大摆臂到台中央、立定、向右转、跨立）

第一项：升旗仪式

我们环翠中学的学子秉承润泽润美的学校理念，在润美教育的特色引领下，在每天进步一点点的殷殷期望下，静心学习，快乐生活。即将离别的这一刻，让我们面对母校，喊出内心的誓言：

铭记恩师教诲，不忘母校嘱托，挥洒青春热血，谱写壮丽诗歌。

全体成员起立！下面进行第一项升国旗，唱国歌（方队体委喊：立定！向后转）。

百年恰是风华正茂，青春正当奋进前行！环中师生将以青春的名义，以最昂扬的斗志和最坚定的信仰，向建党百年献礼！下面，让我们以热烈的掌声欢迎鞠伟校长为毕业典礼致辞！

第二项：同窗情寻梦

同学们，4年的学习，我们由天真烂漫的孩童，成长为有理想、有抱负的翩翩少年！环翠中学塑成了我们的学习、自律、感恩、真诚、担当的优秀基因，围绕这些优秀基因，学校定期推选星级品牌学生，来引领大家更好地成长，下面有请学习之星、自律之星、博雅之星的学生代表诠释他们的成长感言。青春岁月书写着我们的梦想，绽放着我们的昂扬，见证着我们的成长。感谢6位同学的精彩发言。

回首4年前，我们挂着天真无邪的笑容走进学校大门。可是今天，我们以成熟的面貌即将与初中生活挥别。尽管从入校的那一刻就知道终将面临毕业的这一天，但是，当告别的日子终于成为现在进行时的时候，内心深处还是会隐隐作痛，我们还是有太多的舍不得，还是会有些许不明所以的感慨。

时光的流逝或许会冲淡许多记忆，年华的匆匆或许会带走千万感怀，但有些东西则会永远存留在回忆的海洋中，多年之后美好依旧。现在让我们满怀惊喜和身边的同学、家长、老师，一起共同寻找难以忘怀的成长足迹。

1. 主题记忆分享——8个班依次演讲。

2. 青春风采。

3. 共叙纯美友谊(见图2.14)。

图2.14　共叙纯美友谊

第三项：师生情筑梦

成长在环翠中学，我们是骄傲的，这里有美丽和谐的校园环境，有浓郁厚重的校园文化，更有引领我们追梦的老师。在这即将离别的难舍时刻，让我们用心聆听老师给我们的亲切嘱托和美好祝福！母校如同一位母亲，还记得4年前我们第一次坐在环翠中学的教室里的情景。彼时，稚嫩的我们初次投入环中的怀抱。相伴的四年，感慨良多。母校是平台、是土壤、是希望，多彩的校本课程、自主的社团，平等的对话课堂和和谐的师生关系助力我们的多元发展，赋予我们更多能力去迎接美好的未来。现在，雏鹰在母亲的呵护下渐渐羽翼丰满，即将各奔东西的游子与母亲依依惜别。那教室里回荡的琅琅书声，是母校最愿意聆听的天籁；那操场上冲过的矫健背影，是母校最喜欢注视的画面。让我们再一次回到母校，对她表达我们心底最质朴的感恩之情。

1. 视频播放《母校我的家》。

2. 教师寄语。

3. 最美教师。

4. 发放毕业证书。

第四项：亲子情逐梦

一个人的成长，需要良好的学风、教风，还有深厚的家风。家，承载着基因血脉、暖意亲情；家风，沿袭着品质的引导规范，美德的积淀传承。一个词，一句话，一个家里的故事，一段家庭的记忆，都是家风的载体。规范言行、修养内心、传承美德，都是家的期待。

1. 家的寄语。

2. 致未来的你。

3. 敬献毕业礼物。

第五项：家国情圆梦

情至深处是为家国，家国血脉是一种内在的精神密码，与国与家同生共荣，书写着对国对家的深沉之爱。当誓言再一次回荡在会场的上空，我们忆起了每周的激情呐喊，看，每一颗青春的种子，都积蓄着生长的力量。听，每一个青春的梦想，都在吹响奋进的号角，让我们以奋斗为音，将青春奏响，飞扬出最动人的华彩。

前路曲折，不惧指点江山，只为不负少年；

雄关漫道，执笔挥斥方道，更待振翅高飞；

让我们心怀真挚信仰，追寻青春的理想。

让我们唱响生命乐章，点燃未来的希望！

威海环翠国际中学××××届毕业典礼，

合：到——此——圆满结束！

师生合影。

1. 我和我的祖国。

2. 百年恰是风华正茂。

3. 我的未来不是梦。

毕业课程不仅意味着初中生活的结束，更意味着一段新旅程的开启。4年前，家长满怀着希望把孩子送到环翠中学，期待的不仅仅是优异的学习成绩，还有过硬的能力、感恩的情怀、担当的品质。对于孩子的培养，学校和家长的目标是一致的。4年时光承载着大家的希望与寄托，学校丝毫不敢懈怠，一路遵循着"润泽生命、润美人生"的办学理念，秉承着"每天进步一点点"的校训，在理想与现实之间努力追求更高品质的教育，不仅为知识和能力本身，更为唤醒人的生命自觉。4年后，通过定位学校是平台、是土壤，是给学生带来希望的地方；定位教育是发现、影响和成全，力争让每个生命都能收获温润美好的人生；从入口端到出口端努力破解孩子们成长的"暗箱效应"，孩子们逐步具备了全面发展的潜质，不仅学业成绩在威海市遥遥领先，而且多才多艺、各具所长。在毕业仪式这最后一节浓墨重彩的大课上，我们用国家发展的大事件串起学生成长的4年时光，展播学生的报国之情，通过集体宣誓将情感氛围推向高潮，让红色基因在这一关键时刻植入学生的心中，让学生时时刻刻都处在真善美、正能量的氛围里，在学、思、行的过程中向阳生长。

三、"悦读悦写"主题思辨课程

英语，作为一种语言，具有工具性和人文性的双重特征。当前初中英语阅读教学在不断的发展进步中，仍然不可避免地存在一定的问题：一是学生的阅读内容碎片化、缺乏系统性；二是学生的阅读模式单一化、阅读追求语法化；三是学生在现行阅读教学的模式下，阅读效果低效化、阅读思维低阶化。学生在阅读过程中，过多注重语法知识的学习、词汇的积累，对文章的理解只关注"局部"而忽略"整体"，缺乏阅读的主动性和积极性，缺少思维品质的培养。

而环翠中学开展的"悦读悦写"主题思辨课程，联动教师、家长、社会多方资源，通过有效整合课内外的阅读资源，共同为学生成长搭建了系统坚实的平台。相比单纯的理论引导，诵读、吟唱、演读、辩论、读写结合等丰富的活动，能使不易被感觉到的信仰、观念、价值、情感和精神气质变得可见、可听、可触摸，学生能基于情境采用恰当的学习策略对读本信息进行分析加工、推理判断，从而领悟文章内涵以及作者的写作意图，对阅读文本整体全面理解，进而培养学生的阅读习惯，激发学生的阅读热情和兴趣，提升学生的阅读自信，培养学生的文化意识和高阶思维能力，丰富学生的知识，拓宽学生的视野，为其终身学习和发展打下基础。例如"悦读悦写"课程从西方文化的专题和梯次阅读中拓宽学生的视野，培养学生的世界眼光，在思辨阅读中增强学生的民族文化自信。

课程采取基础型课程为体，拓展型、实践应用型课程为翼的架构模式，聚焦环翠中学"爱国、友善、真诚、感恩、担当、开创"六大基因的培养，通过主题开发、活动化课程开发、项目式研究等具体实施策略，关注真实情境的创设，突出"亲历—思辨—践行"的品德涵养闭环，积累形成与课程相对应的成熟的课程范式与课程资源。按照"背景分析—目标确定—课程实施—课程评价—具体配档"等方面编写特色课程纲要，同时完成配套的教学资源建设。教学资源建设包括课件、教学设计、学案、习题、问卷、微课等，采取"专题课程＋专项活动＋专项评价"的策略开展。

英语阅读课程案例

（一）课程目标

学生层面：学生能够有效提取文本的信息，领悟文章的内涵，掌握阅读的方法与技巧，提高阅读兴趣，提升阅读品质，培养英语思维和学科核心素养，丰厚人文底蕴。

教师层面：教师在阅读教学中提升科学、文化、信息、能力等专业素养，滋养教师的精神世界，拓宽教师的国际视野。

学校层面：构建了英语学科教学体系，对学生的阅读成长进行了全方位的整体规划，建立完备的精品阅读资源库，形成综合的评价体系，促进学生英语学科核心素养的全面发展。

（二）课程内容

1. 教师分级博览群书，梯次性地阅读书籍。以优秀课外读本为依托，构建语篇教学的课堂教学模式：背景激活—整体感知—深度鉴赏—迁移创新。在教材语篇教学中，注重探究语篇的主题意义，拓展、迁移文本，促进学生思维品质的发展，核心素养的提升。

附：各级部阅读配档

（1）初一年级

★必读阅读书目：《攀登英语阅读系列：有趣的字母》《攀登英语阅读系列：有趣的字母组合》《培生儿童英语分级读物》

★选读阅读书目：《典范英语》第3级、4级；线上伴鱼绘本App：《学乐》科普类奇妙自然篇

（2）初二年级

★必读阅读书目：《轻松英语名作欣赏》第 1 级上、下；《多维阅读》第 11 级、12 级

★选读阅读书目：《典范英语》第 5 级、6 级；线上伴鱼绘本 App：《学乐》科普类人文视野篇

（3）初三年级

★必读阅读书目：《轻松英语名作欣赏》第 2 级上、下；《多维阅读》第 13 级、14 级

★选读阅读书目：《典范英语》第 7 级；《National Geography Kids Stage 4》；线上百词斩爱阅读 App《爱看世界》

（4）初四年级

★必读阅读书目：《轻松英语名作欣赏》第 3 级上、下；《多维阅读》第 15 级、16 级

★选读阅读书目：《典范英语》第 8 级；《National Geography Kids Stage 4》；线上百词斩爱阅读 App《爱看世界》

2. 基于单元主题的群文阅读。英语教研组通过梳理教材主题，精选拓展语篇，丰富了阅读资源，并依托多元课型，习得阅读策略，深化了主题研究，促进学生创造性思维的发展，培养学生独立思考、分析问题和解决问题的能力，形成正确的价值观和人生观（见表 2.5）。在阅读中，引导学生学会阅读，学会学习，学会做事，学会做人，为学生终身发展奠基。

表 2.5　山东教育出版社六至九年级教材主题梳理一览表及课外拓展语篇

年级	主题语境	主题群	单元及话题	拓展语篇
六年级上	人与社会	人际交往	Unit 1 Meeting friends	A：New at school B：Greeting
			Unit 4 Making new friends	A：My name is Tony B：My father
			Unit 8 Spending time with friends	A：My friend Jane B：A sports fan
		社会交往	Unit 10 Shopping	A：Huangrong store B：Welcome to Tiantian clothes store

续表

年级	主题语境	主题群	单元及话题	拓展语篇
六年级上	人与自我	个人、家庭和学校生活	Unit 2 Things around you	A：My room B：Do you like your classroom？
			Unit 3 Colors	A：Color gets cars stuck B：The color "Blue"
			Unit 5 The family	A：Paul's family B：A photo of my family
			Unit 6 Things in the classroom	A：Bill's trouble(麻烦) B：Lost & Found
			Unit 7 Things around the house	A：A tidy room B：Lost & Found
		健康的生活方式	Unit 9 Food	A：My favorite food B：Food in different countries
六年级下	人与自然	人与动物	Unit 7 Animals	A：Meet some new "Friends" B：Kangaroos
	人与社会	规则意识	Unit 6 Rules	A：Museum rules B：Rules in different countries
		传统节日	Unit 8 Dragon Boat Festival	A：The Dragon Boat Festival B：Chinese New Year
	人与自我	个人、家庭、学校和社区生活	Unit 1 Dates	A：A letter from Bob B：Do you know them？
			Unit 2 School subjects	A：Players wanted B：Movies on show
			Unit 3 Joining a club	A：A middle school student and an actress B：Do you want to join them？
			Unit 4 Daily routines	A：A nice neighbor B：A wonderful sunday
			Unit 5 Transportations	A：A day of Dong Yifu B：Meet new friends
			Unit 9 What are you doing？	A：Regret in England B：Welcome to Australia
			Unit 10 The neighborhood	A：My neighborhood B：What is it？

续表

年级	主题语境	主题群	单元及话题	拓展语篇
七年级上	人与社会	人际关系	Unit 7 Should friends be the same or different?	A：The lovely dogs B：Exercise is important
		跨文化沟通、包容与合作	Unit 2 Birthday food around the world	A：How to be healthy? B：Eat something outside
			Unit 5 Holidays and vacations	A：Summer vacation B：Mara's vacation
		社会热点问题	Unit 8 Who's got talent?	A：Introduce Quan Hongchan B：Introduce Russia
	人与自我	个人、家庭、学校和社区生活	Unit 3 School trips	A：The meaning of being proud of one's job is important B：The real Chinese food
			Unit 4 Weekend activities	A：Vacation on the beach B：A brave boy
		健康的生活方式	Unit 6 Free time activities	A：A good habit B：Introduce swimming
		未来职业倾向	Unit 1 Physical appearance	A：Introduce my friends B：My father and I
七年级下	人与社会	人际交往	Unit 5 Invitations	A：Who took the ring? B：A letter to my friend
		公益事业与社会服务	Unit 8 Volunteering and charity	A：Students wanted for Art Festival B：The best choice
		跨文化沟通、包容与合作	Unit 4 Cooking	A：The Queen's birthday B：Countries and symbols
		影视领域概况和发展	Unit 1 Different TV shows and movies	A：Astro boy B：Cartoonist: Charles Schulz
		社会进步，科技发展	Unit 3 Will people have robots	A：Ready for changes B：The inventor of telephone
	人与自我	积极的生活态度	Unit 6 Decision making	A：What are your bad habits? B：Lunch time
		生命的意义	Unit 7 He lost his arm but is still climbing	A：Helping others B：Say no to bullying
		未来规划	Unit 2 Life goals	A：Superhero window cleaners B：The dream has come true

年级	主题语境	主题群	单元及话题	拓展语篇
八年级上	人与自然	自然地理、人与动物	Unit 5 Facts in the world	A：White pollution B：The protection of the Yangtze River
	人与社会	公益事业与志愿服务	Unit 8 Living environment	A：Morris dancing B：An Australian family
		神话故事、文学名著和音乐	Unit 4 Legends and stories	A：A wise man and his followers B：The merchant of Venice
			Unit 6 Literature and music	A：A brief introduction of American country music B：Robin Hood
		重大历史事件	Unit 3 Unforgettable events	A：Welcome back home! B：Pure love，only for the country
		物质与非物质文化遗产	Unit 7 Natural and cultural landscape	A：The Palace Museum B：France
	人与自我	个人、家庭、学校和社区生活	Unit 1 Chores and permission	A：Dad's love B：True love
		完善自我	Unit 2 Problems and advice	A：Ways to cheer someone up B：Friendship is the best medicine
八年级下	人与自然	自然文化景观	Unit 3 Vacations	A：A trip to America B：Traveling with Mr. Cool
	人与社会	名人事迹	Unit 1 People we admire	A：Chinese scientist Tu Youyou B：Leonardo da Vinci
		传统节日	Unit 5 Festivals	A：Amazing tradition in Africa B：Interesting festivals
		人际社会交往	Unit 2 Small Talk	A：Be brave B：Be confident
		物质与非物质文化遗产	Unit 8 Beauty in common things	A：Chinese papercutting B：The culture of tea

续表

年级	主题语境	主题群	单元及话题	拓展语篇
八年级下	人与自我	认识与完善自我	Unit 7 How we have changed	A：Awesome my country B：Great changes in my hometown
		学习方法	Unit 4 How can you become a successful learner?	A：Practice makes perfect B：Believe yourself
		社会和社区生活	Unit 6 Getting around	A：We are family B：Learn to love each other
九年级	人与自然	环境保护	Unit 8 Protect the environment	A：How green are you? B：Protect the environment
		地球探索	Unit 3 Mysteries	A：The Bermuda Triangle B：Wonderful places in Egypt
	人与社会	重大历史、政治事件	Unit 7 Unexpected events	A：Skycar B：Have you been tricked?
		技术创新	Unit 1 Famous inventions and inventors	A：Mobile phone's influence on bees B：The discovery of penicillin
		规则意识	Unit 2 Rules	A：Beijing says no to smoke B：Should we be allowed to use cell phones?
		学校生活	Unit 10 School days	A：A man of the world B：Graduation ceremony
		健康的生活方式	Unit 9 Living healthily	A：Nature and health B：How to eat healthily
	人与自我	跨文化沟通、包容与合作	Unit 5 Customs	A：Different greeting customs B：Table manners in the United States
		影视与音乐	Unit 4 Music and movies	A：The invention of jazz B：*The wandering earth*
		自我感受	Unit 6 Feelings	A：The difference between a fear and a phobia B：Colors and mood

（三）实施途径

1. 语篇阅读教学

在语篇教学中，以主题语境和主题意义引领课堂教学，设计基于语篇主题和围绕主题意义探究的多层次活动，引领学生通过探究语篇的表层和深层意义，领悟语篇的主题意义和文化内涵；创设与主题和学生生活相关联的新语境，引领学生走出文本，体验生活，表达自己的思想、情感，促进逻辑性、批判性和创新性思维的发展，培养学生独立思考、分析和解决问题的能力。在语篇教学中，围绕主题意义整合语言知识学习、语言技能发展、文化意识形成、思维品质提升和学习策略运用，落实英语学科核心素养。在课程的开展中，探索出有可操作性的课堂模式：背景激活—整体感知—深度鉴赏—迁移创新。

（1）背景激活，引入主题

背景激活，旨在激活读者的背景知识和生活经验，激发读者的阅读兴趣和动机，引出话题，为下一阅读环节做好准备。

（2）整体感知，了解主题

①快速阅读，整体输入

运用 Skimming（略读）阅读技巧，快速浏览文章标题、篇首段、结尾段以及每段的段首和段尾，以及篇章连缀词、关键词等，跟踪作者的思路，了解文章主旨大意；运用 Scanning（扫描）阅读技巧，快速地扫描全文，查找所需信息。

②建构导图，提取框架

思维导图是一种以图的形式说明思维过程的视觉化学习工具，是基于可视化学习理论对思维过程的显性化描述，具有显著的过程性、生成性、逻辑性和经验性的特点，既可以显著发展学生的思维能力，提升学生的思维品质，又可以提高学生的语言能力和表达能力。

③深度鉴赏，领悟主题

通过背景激活和整体感知教学环节，学生能够理解文本的表层信息。教师需要进一步引导学生挖掘文本的深层信息。教师指导他们运用已学的知识和已有的生活经验对文本的信息进行逻辑推理和分析判断，帮助学生准确理解人物性格、事实原因、事物发展规律、作者观点以及字里行间的深层含义。

④迁移创新，深化主题

在主题意义引领下，创设新的语境，进行迁移运用和个性化表达，促进创造性思维的发展，深化主题意义。

在读后活动设计中，创设情境，引导他们去迁移，去创造，把文本与现实生活联系起来，让学生在现实生活中，寻找所读内容的载体，有助于培养学生的创造性思维能力，提升综合运用语言的能力，落实英语学科素养。可以采用的形式有：仿写文章、续写故事、将课文改写成对话，并进行角色表演等。

2. 群文阅读教学

主题式群文阅读是指依托《义务教育英语课程标准(2022版)》和教材，围绕具体的主题语境，同时阅读多篇思想内容或形式风格相同、相反、相关联的一组文章，达到多视角、多层次、较为全面感知、了解主题为目的的阅读方式或行为。群文阅读是课内单篇阅读与课外阅读的有效桥梁。

(1)梳理教材主题，精选拓展语篇

群文阅读的核心是主题，群文阅读材料的选择需要以单元主题为基点。基于人与自我、人与社会、人与自然三大主题语境，英语教研组梳理了初一至初四教材中每一个单元的主题群和相关话题。

同时，为了弥补阅读资料缺少的现状，为了更好地对学生进行文化渗透，开阔学生文化视野，提高学生人文素养，培养学生自主探索能力，课题组成员基于教材主题，拓展课外阅读资料，选取多样化学习资源，对主题的内涵和外延进行整合与创造，编写了初一到初四主题拓展阅读资料。

(2)依托多元课型，深化主题意义

①知能生成课

群文阅读的多文本教学首先需要帮助学生们回答"我们在读什么""为什么"两个问题，深化学生对单元主题意义的理解。以一个单元主题下的群文阅读材料为载体，以粗读、略读的阅读方法引领学生进行阅读概览。如引导学生对比阅读，进行横向、纵向的不同层次、不同视角的比较，在比较的过程中，教师不仅要引导学生找出相同点，而且要引导学生认识和把握差异，既要求同，也要求异；或整合相关篇章进行教学，以一篇带动、联系多篇文章，使学生触类旁通，举一反三，形成一种互文回环式的阅读教学，让阅读更具结构性、系统性和整体性。

②审美赏析课

群文阅读能够为主题意义的探究创设丰富的语境，可以帮助学生构建多元文化视角，学生在自主阅读的基础上，形成组内讨论和全班讨论，通过对不同观点的讨论、对比和评判，最终形成自己的观点，提高鉴别和评判能力，发展批判性思维。

③读写共生课

读写结合是英语教学的重要教学方式，能够构建英语阅读与写作之间的联系，使二者相互促进和提高。在英语群文阅读中，学生基于一个主题进行群文阅读后，了解了与之相关的资料，对于文字素材、话题探讨、写作方法等有了更深一步的认识，能从不同角度展开思考，获得了丰富的内涵，有多角度关注和写作的可能，使学生更有逻辑地表达，积累写作素材和经验。

（四）课程评价

利用多元评价促进学生持续阅读，维持学生的阅读兴趣，关注学生学习的过程。学生借助评价量表反思学习过程、反馈学习效果，实现高质量学习，促进素质发展。

1. 过程性评价

主要通过阅读导读单、阅读存储卡、阅读跟踪反馈量表、英语阅读成长档案袋等记录学生的阅读成长经历及阅读成果。

阅读导读单：教师通过设计阅读导读单，引导学生积极主动思考、练习、概括信息，学会分析推断信息之间的逻辑关系，提升分析问题、解决问题的能力，做到正确判断、理性表达。

阅读存储卡：能激发学生的个性表达，学生对阅读的文本材料进行词汇整理、经典段落分享、角色分析、故事复述、故事续写、文本重构等有意义的读后巩固活动，打破循规蹈矩的阅读活动，丰富学生的理解，促进学生的个性表达。

阅读跟踪反馈量表：阅读跟踪反馈量表的设计和实施对学生的阅读状态、过程和结果发挥着观测、检查和评估作用，多元评价跟踪量表要注重评价形式多样化、评价内容全面化、评价目标多维化（见表2.6、表2.7）。

表 2.6 "完整阅读"阅读跟踪反馈量表

活动内容	评价标准	等级评定	学生自评	小组评价	教师评价
文本诵读	能优美熟练诵读文本并且语音、语调优美，节奏恰当，能感知诵读者的意图和态度，包括必要的连读。	优秀			
	文本诵读语音、语调正确，节奏、韵律有变化，能了解诵读者的意图和态度，较熟练诵读文本。	良好			
	诵读不熟练但是大部分正确，语音、语调一般，没有节奏、韵律的变化。	合格			

表 2.7 "完整阅读"过程性评价表

活动内容	评价标准	等级评定	学生自评	小组评价	教师评价
1. 读后续写故事 2. 预测故事发展 3. 模仿性创新写作 4. 阅读存储卡	顺利完成阅读任务，内容要点包括（what、who、when、how、why），语句通顺；表达观点清晰、逻辑性强、意图清晰；有效描述事情发生的起因、经过、结果。	优秀			
	较好完成阅读任务，内容要点包括（what、who、when、how、why），语句较通顺；个人观点表达较清晰；能较好地描述事情发生的起因、经过、结果。	良好			
	基本完成阅读任务，内容要点包括（what、who、when），语句较通顺；表达观点、意图不清；较正确地描述事情发生的起因、经过、结果。	合格			

阅读检测卡：设计阅读检测卡，阅读检测卡内容灵活新颖、形式多样，包括英文单词释义、判断正误、补全短文、单词正确形式补全句子、故事句子排序、选择、剧情人物名字填空、回答问题等，帮助学生掌握阅读技巧，又能提高学生的阅读兴趣和阅读积极性，培养了学生的英语核心素养。

2. 表现性评价：表现性评价是重要的评价手段之一

开展"读书分享会""文化拓展秀""英语配音工作坊""Mini 剧场""英语纽约街"等多元活动，让学生"声"临其境、对话经典、碰撞经典，考查学生英语阅读的语言综合能力的提高情况。

"英语配音工作坊"：学生通过各种 App 软件在线配音，提高了英语听力能力、口语交际能力、词汇量，促发了学生的学习积极性和学习兴趣，提升了学习效果，真正做到了"用中学"。学生英语口头表达能力的提高是英语学习的重要环节，增强英语学习自信心和英语交际能力。

"Mini 剧场"：学生阅读整本书后进行短剧表演，提高了英语的表达能力、同伴合作能力、表演能力、交际能力，激发了英语学习的积极性和主动性。《皇帝的新装》《白雪公主》《音乐之声》《丑小鸭》《小红帽》《灰姑娘》等经典故事都出现在"Mini 剧场"中，小演员们流畅自如地对话、精湛地表演、默契地完成团队配合，令人赞叹，排练短剧活动锻炼了孩子们的口语和情感表达，学生们充分展现自我、释放个性。

每周、每月定期举办"读书分享会"和"演讲专场"，教师精心指导学生撰写演讲稿。学生既能欣赏他人的经典优秀演讲稿，也能多渠道阅读获取演讲所需的材料丰富自己的英语语言知识。在读书分享和英语演讲中，学生不仅能收获优美的发音、地道的语调，而且提高了朗读技巧、锻炼了写作技巧、开阔了文化视野、培养了英语思维和交际能力。

在"悦读悦写"主题思辨课程开展过程中，学生从被动阅读到主动阅读，从单篇到多篇，从一本到一类，从小说到非小说，阅读量大大超越课标要求。掌握了阅读技巧，在阅读中有了主题意识、主线意识，能够利用思维导图，构建语篇结构，学会了探究语篇的主题意义，从浅层阅读走向了深层阅读。阅读带动了学生听力、口语、写作等综合语言能力的发展，学生的逻辑性思维、批判性思维以及创造性思维品质得以锻炼。学习、理解、包容西方文化，并向世界传播中国文化，形成跨文化意识。"悦读悦写"英语课程，以外研社《多维英语》为载体举办市级英语课外阅读现场会，聚焦英语课外阅读，培养学生的英语核心素养，在培养思辨阅读能力的过程中，在聚焦学生核心素养的不断行走中，多名教师荣获威海市一师一优课、市级优质课一等奖等。

通过课程开展以及研究，教师们意识到不能只关注教材语篇，不能过于重视语言知识的传授；学会了创造性利用教材，以主题意义引领课堂教学，宏观把握篇章结构，整合语言知识和文化知识，融合语言技能和学习策略，关注思维品质的发展和学习能力的提升，落实英语核心素养。教师的业务水平显著提升，在各级教育部门组织的活动中多人次获得嘉奖，彰显了研究带给老师的动力与活力，也坚定了教师们踏实研究的信心。

通过精品课程的开发与实施，环翠中学将继续促进学生学习方式的不断改变，为教师的持续发展和学生的终身幸福奠基。志愿课程实施已八载，秉承着"每天进步一点点"的校训，目前校级志愿岗参与率已达百分之百，校级金牌宣讲员近百人，其中 40 名讲解员获雷锋银质勋章。学生志愿者注册已超 400 人次。学校连续两年成功获评环翠区"厚德环翠，志愿同行"优秀志愿项目，成为唯一一所学校参评获奖的项目，荣获威海市首届青年志愿服务项目大赛铜奖，被评选为环翠区新时代文明实践基地。央视网、人民网、今日头条等多家媒体进行了报道，相关视频点击量突破 10 万。环翠中学的升旗课程、毕业课程为全区中小学提供了高站位、高标准、高质量的课程样本。每一次的仪式课程都能看到领导团队的创新意识，环翠中学的为师者对生命的发现、影响和成全，让红色基因在关键时刻植入学生心中，让学生时时刻刻都处在真善美、正能量的氛围里，在学、思、行的过程中向阳生长，每个环中学子的内心都满溢爱国之情、报国之志。

立足新的时间节点，我们心中的信念无比真切，力量奔涌向前，这必将引领全体师生历经考验，抵达理想的彼岸。今后，环翠中学将继续"用汗水浇灌收获，以实干笃定前行"，努力创生更多精品课程新样态。

学校课程体系建设具有重要意义，可以加强学校与社会的交流合作，更好地实现以学生的发展为核心的课程模式，让学生更加全面地受到教育，为学生及未来谋求发展，更好地满足社会发展的需求。在未来，环翠中学要积极推进课程体系建设，建立课程体系的完善机制，更好地指导学生的学习，以更加完善的体系促进学生的发展，为实现学校新的发展目标打下基础。

第三章
实践——创新举措，促进深度学习

    课程的实施需要通过深度学习来实现，通过深度学习，学校将帮助学生获得未来进入社会后能够参与社会活动、为他人和社会作出贡献、幸福生活的核心素养，从而最终实现全面发展。

    促进深度学习，高质量的教与学尤为关键。深度学习究竟要"深"到什么程度？其实是在问教师应该做什么、做到什么程度，才能引发学生的深度学习。因而，教师应为学生具有深度学习能力而教。紧扣"教师的教和学生的学"两大核心要素，环翠中学创新如下举措：实施单元整体教学，使学习内容结构化；依托项目化学习，使学习方式情境化；融创"后茶馆式"教学，使学习过程循证化；优化作业设计，使学习功能显性化。用深度学习这样师生共同经历的智慧之旅，将学校建设成实施课程、提升素养的生命场。

第一节　单元整体教学——学习内容结构化

2022 年颁布的《义务教育课程方案和课程标准》强调要整合课程内容，推进综合学习，探索大单元教学。所谓单元整体教学指的是在学科素养指引下，对单元的学习内容进行系统规划和设计，让学生在知识的重构中形成较为完整和系统的知识。作为从知识到素养的桥梁，单元整体教学为课程的实施寻找到明确的逻辑出发点，呼唤教师俯瞰"教什么"的本体性问题，审视"为何教"的源头性问题，进而思辨"怎么教"的策略性问题。

如果将课程的执行力称为课程"表"层引领力，那么，单元整体教学下的"教材再建构"就是做到表里如一，从教学内容进行重构，或对一个小单元知识的重组，或对一个大单元知识的整合，其目的都是深入发掘知识的内涵，避免知识的碎片化学习，注重知识的关联性和完整性，从而直达知识的本质，完美地突破教学过程中实质性的关键难点和突破重点，由表及里，从外延到内涵进行引领，将课程的执行达到由上而下的贯穿。

环翠中学以单元整体教学为切入点，不断地精耕细作，开展了指向深度学习的系统实践，促进学校课程实施。引领教师由知识的"传授者"转变为课程执行力的"引路人"。

具体实施步骤为：

一、统整环节

环翠中学构建了以学生为主体的、探究性的、积极主动的大单元教学模式，进行了环节统整，立足校情，形成了"四步八环"的单元教学模型，提供操作框架和规定动作，为学科教学进行规范而科学的导向，成为实现深度学习的有效途径。

环翠中学大单元教学"四步八环"教学模型：

(一)组织框架

分析阶段——分析课标学情，提取主题概念

设计阶段——确定学习目标，整合内容资源

实施阶段——贯穿核心任务，分步灵活教学

评价阶段——植入评价设计，优化作业设计

(二)具体操作要求(见图3.1)

1. 分析阶段：分析课标学情，提取主题概念

在课程标准、核心内容、基本学情的深度分析基础上进行"再建构"。确定单元主题、概念(基于核心素养、课程标准)—分析单元学情(关注"似知区间""相异构想")—明确单元目标(体现单元一级目标与二级目标的分解叙写)。

2. 设计阶段：确定学习目标，整合内容资源

在系统分析基础上组建单元，进行单元整体规划以及整体规划下的课时设计。整合单元内容—核心任务设计—单元评价设计(评价早于活动设计)—单元作业设计—课型、课时规划安排。

3. 实施阶段：贯穿核心任务，分步灵活教学

具体到课时的教学组织实施，按照"多维对话式"课堂要求，在单元核心任务的驱动下，创设情境，体现教学评一致性，服务于学生学习的步步深入，达到举一反三、灵活运用的目的。

4. 评价阶段：植入评价设计，优化作业设计

教学评价的基本准则是全面、客观、公正、及时。形成性评价关注过程，及时评价，诊断教学过程中存在的问题，及时纠正，顺达目标。总结性评价基于阶段，参照目标，检测教学目标的达成度。

作业设计体现开放性、生本性、合作性、范例性、实践性，要基于课本范例进行延伸探究，把学生的典型错题融入作业设计，单元复习作业融合知识结构梳理，分层作业关注差异化发展。

图3.1 "四步八环"教学模型图

二、模板设计

对于习惯于线性地以课时来推进教学的教师来说，单元整体教学的挑战巨大——怎样才能做到有效的单元整体教学？实施单元整体教学的具体策略有哪些？如何依据原本的教材单元进行统整？怎样整体安排学生在每一课时的活动内容和活动方式？这一个个精微的真实问题是需要我们从技术上一一迈过的难关。

因此，学校层面首先进行顶层设计，让理念在具体的实施中得到落实。

在形式流程上，架构了"提取主题概念—确定学习目标—整合资源内容—设计教学评价—规划学习任务"的单元教学实践路径，提供思维支架(见图3.2)。

图3.2 单元教学实践路径图

在具体实践中，修改完善了校本化的单元及课时设计教学模板；提出大单元教学的5类课型，即单元起始课、单元精讲课、单元练习课、单元拓展课、单元总结课。细化了单元精讲课"概念引入(创设情境、问题驱动)—概念建构(前知展现、人本对话、生生对话、师生对话)—概念巩固(自我对话)—概念深化(迁移应用)"的课堂流程，将"基于经验的多维对话式课堂"的模式研究从最初的生命化课堂1/3模式到多维对话、交互反馈模式到基于单元整体的"概念驱动"模式进行了迭代升级(见图3.3—图3.5、表3.1—表3.2)。

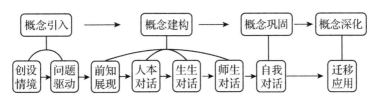

图3.3 单元精讲课课堂流程图

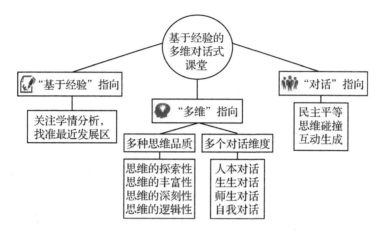

图 3.4　课堂模式的迭代升级图(一)

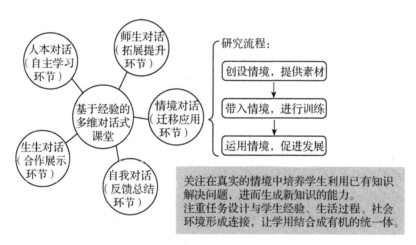

图 3.5　课堂模式的迭代升级图(二)

表 3.1　环翠中学"深度学习"视域下的大单元教学设计表

单元主题、概念	基于核心素养、课程标准
单元学情	关注"似知区间""相异构想"
单元目标	1. 目标叙写四要素：①行为主体——谁学？②行为表现——行为动词＋核心概念；③行为条件——学习环节、怎么学？④表现程度——学到什么程度。 2. 举例： 分目标：

续表

单元目标	3. 建构事物性说明文的基本知识。 (1)找出四篇文章中说明对象的关键特征，归纳出多方面、多角度说明事物特征的写法。 (2)梳理每篇文章的结构与顺序。 (3)归纳四篇文章各自运用的说明方法，并结合具体内容分析说明方法的作用。 (4)归纳四篇事物性说明文语言的共性与个性特点。
单元内容	1. 自然单元　2. 适当增删、调整、整合　3. 资源提供 呈现结果：单元具体内容的导图 第五单元 17　中国石拱桥 18　苏州园林 19* 蝉 20* 梦回繁华 写作　说明事物要抓住特征
核心任务	核心任务——子任务 { 活动1(做什么，怎么做) 活动2(做什么，怎么做) 活动3(做什么，怎么做)
单元评价	具体评价方式：情境运用　检测题 对应目标　有具体的达标率 85%的学生学完本单元后能够理解掌握说明方法及其作用。
单元作业	作业目标　对应性 兼顾内容结构　类型结构(理解　应用)难度结构
课时规划	体现课时、课型 课型：根据学习内容，可以设置单元起始课等

表 3.2　环翠中学"深度学习"视域下的单元"课时"教学设计表

《　　　　　　　》教学设计	
课型课时	
学习目标	
评价设计	目标一达成评价： 目标二达成评价： ……
前知展现	关注"似知区间""相异构想"
驱动性问题及情境创设	
活动设计	活动一： 活动二： 基于目标达成
知识结构或思维图示	
作业设计	有目标　适量　分层

这些顶层设计，依托可视化路径的研究，明晰单元教学的思考视角、思考路径、思考方法，明示单元教学各要素的成果要求，为教师开展单元教学提供可资借鉴的技术与方法。

三、统整内容

每个学科，在学校顶层设计的基础上进行实践探究，统整内容，开发出单元整体教学的案例。

基于"整体设计"的视角，环翠中学以核心概念为统摄，聚焦学习内容的深度加工：重"过渡"，拉近分册教材内容的关系；重"对接"，从整册教材乃至整个学段的角度审视单元教学内容的作用；重"融合"，使内容结构化、体系化，促进学生认知结构的整体发展。

教学实践中，大体分为两类：一类是"学科教材单元"，如物理的"透镜单元"、数学的"一次函数单元"等，从点到面，形成系统的"知识网络"；一类是"生活经验单元"，如语文的"怀念单元"、英语的"美食单元"等，这一单元的设置，目的在于串联课外，资源整合。

四、系统实践

教研组层面按照学校提供的实践模型，提炼教材核心素养指向的核心概念，以一个整体单元为起点，通过动态调整（课堂实践全过程的细节填充与调整）、反思再设计（基于学生需求反思后的再设计）的路径，将学校的顶层设计落地实施。

探索中，各教研组的问题意识和成果意识越来越强，在课型、流程、单元设计等方面形成了自己的特色。

第一，是课型的结构改变，这其实是学生学习结构的改变。依据学校提出的单元教学5类课型，各教研组结合学科的特点和单元的内容编制作出适度调整。经过探索，不少教研组有了自己的创新设计。如物理组的新知探索课、习题训练课、检测点评课、实验探究课、单元总结课，语文组的单元起始课、单元精讲课、单元赏读课、单元扩展课、单元习作课等。

第二，是有流程的创新实施。流程设计中承载着教师对学生身心成长方式的尊重和对"做中学"规律的认识。如语文组根据部编教材"人文主题"和"语文要素"双线并进的体例编排,设计了单元起始课流程"生活经验导趣—单元导语导学—概念建构导读—活动规划导行"。数学组将检测点评课流程细化为"数据统计、明确目标—归类梳理、分层评点—合作探究、疑难展示—典题引领、变式训练—总结规律、二次过关"等。

第三,是设计单项的突破。实践中,各学科从单元目标的叙写、单元内容的调整重构、核心任务的设计方面有了突破。如语文组依据核心素养进行目标的叙写;生物组依据核心概念对单元内容进行了重构;英语组开发了单元学情分析属性表(见表3.3)。

表3.3 单元学情分析属性表

学生年级			教材版本					
单元名称								
学习起点								
学习内容	应达水平	实际水平	重点	难点	说明	教学解决策略		
						单元活动设计	单元资源	单元比重
语音								
词汇								
词法								
句法								
语篇								
话题								

虽然单元整体教学注定既不会一蹴而就,也不会一劳永逸,但我们始终相信"人到辽阔之地,就会经历非凡的场面"。当我们突破自身处境的局限,丢掉可见的、潜在的各种束缚开始行动时,就已经在去往更远、更美的路上。

单元整体教学案例

驱动性问题和问题串的设计,通过改善提问策略提升学生的精准认知和思维发展。本案例的驱动性问题源于观察所得,通过课堂分组探究,培养学生的高阶思维能力。

生物学科《苔藓和蕨类植物》单元整体教学设计

一、教学思路

《苔藓和蕨类植物》是鲁教版初中生物教材六年级下册第三单元第一章的内

容，本章介绍了藻类植物、苔藓植物、蕨类植物和种子植物。教材的学习内容主要包含各种类群中常见的种类、生活环境、主要特征以及它们与人类的关系，这些内容表面看是平行关系，实际上，和本章的内容有着密切的联系，其中一条线索是生物进化的规律。

本节课采用整合式学习策略，将构建苔藓和蕨类植物的生活环境和形态结构及分析二者之间的关系贯穿学习的始终，通过前置的观察体验，帮助学生认识苔藓和蕨类植物的生活环境，引出"为什么苔藓和蕨类主要生活在阴暗潮湿的环境"作为本节课的驱动性问题。本节课通过课堂分组探究解决问题，帮助学生概述苔藓和蕨类植物的形态结构特征，通过分析、综合生物的形态结构与环境的关系，促进学生的深度学习，培养学生的高阶思维能力。最后，通过藻类、苔藓和蕨类植物的生活环境和形态结构特征的比较，帮助学生形成对进化观的初步认识，为"生物的进化"奠定学习基础，也为种子植物的生活环境和形态结构提供思路。

驱动性问题：生物的形态结构与生活环境是相对应的，苔藓和蕨类植物生活在阴暗潮湿的环境中，它们的形态结构有什么特点？

二、教学目标

基于课程标准并围绕学生学科核心素养的要求，制定如下目标：

1. 通过搜集资料和阅读课本，学生能够列举常见的苔藓和蕨类植物。

2. 通过前置的观察体验，学生能够描述苔藓和蕨类植物的生活环境，进而关注和保护苔藓及蕨类植物的生活环境，形成社会责任感。

3. 通过搜集资料和观看课本与视频，学生能够举例说出苔藓和蕨类植物在生物圈中的作用，认同苔藓和蕨类植物在生物圈中的作用，形成关注和保护苔藓和蕨类植物及其生活环境的意识。

4. 通过观察、比较、探究等方法和自主、合作、展示学习等形式，学生能够概述苔藓和蕨类植物的主要特征，提升科学探究的能力。

5. 通过分析苔藓和蕨类植物与其生活环境的关系，帮助学生初步形成适应观和结构功能观两个生命观念。

6. 通过比较藻类、苔藓和蕨类植物的生活环境和形态结构特征，帮助学生初步形成进化观这一生命观念。

三、教学重点

1. 概述苔藓和蕨类植物的形态结构特征。

2. 认同苔藓和蕨类植物在生物圈中的作用，形成关注和保护苔藓及蕨类植物及其生活环境的意识。

四、教学难点

概述苔藓和蕨类植物的形态结构特征。

五、课前准备

学生准备：到户外观察苔藓和蕨类植物并根据观察描述其生活环境。

教师准备：准备葫芦藓、地钱、白发藓、尖叶匍灯藓、肾蕨、铁线蕨、卷柏、波斯顿蕨等常见的苔藓和蕨类植物实物。

六、教学过程(见表3.4)

表3.4 《苔藓和蕨类植物》教学过程表

教学环节	教师活动	学生活动	设计意图
前置体验交流分享	组织学生分享前置体验。 提出问题：学生们在与大自然的亲密接触中，找到苔藓或蕨类植物了吗？ 如果找到了，请和大家分享一下，你在哪里找到的？ 生长着苔藓或蕨类植物的环境有什么特点？ 根据学生的交流总结苔藓和蕨类植物的生活环境。	班级交流	为本节课的学习热身，并对苔藓和蕨类植物的生活环境形成直观认知。
创设情境前知展示	任务：说出苔藓和蕨类植物的生活环境。 组织学生观看教师的观察图片并提出问题：环翠楼公园与小区的松树树干颜色有无区别？如果有，尝试分析原因。 总结：采用对照观察更具有说服力。 在学生交流的基础上，引导学生从生物与环境的关系进行分析。	观看图片并分析原因：环翠楼前松树的阴面和阳面的树干形成对比，推测到苔藓可能适合生活在阴暗的环境；通过环翠楼前松树和小区树的对比，推测到蕨类植物可能适合生活在潮湿的环境中。	采用对比情境，帮助学生更准确地总结出苔藓和蕨类植物的生活环境。 前知展现调用学生的前知，了解学情，为接下来的教学提供参考。引导学生学会利用生物与环境的关系分析问题。

续表

教学环节	教师活动	学生活动	设计意图
探究实践 结构完善	任务：了解常见的苔藓和蕨类植物；探究苔藓和蕨类植物的形态结构特点。 生物的形态结构与生活环境是相应的，苔藓和蕨类植物之所以生活在阴暗潮湿的环境中，它们的形态结构有什么特点？询问学生都知道哪些苔藓和蕨类植物？ 在学生了解的种类基础上，呈现常见苔藓和蕨类植物的图片与名称，让学生观看并结合桌上的实验材料对号入座。 将葫芦藓、地钱、白发藓、尖叶匍灯藓、卷柏、肾蕨、铁线蕨、波斯顿蕨分别发给学生，并组织学生以此为探究材料，观察苔藓和蕨类植物的形态结构特点并推测它与生活环境的关系。 出示表现性任务和任务指导语： 表现性任务：苔藓和蕨类植物主要分布在阴暗潮湿的环境中。这与它们的形态结构有怎样的关系？ 任务指导语： 1. 结合实物，说明苔藓和蕨类植物器官的分化情况。 2. 结合下图，比较后说出地钱和蕨叶的结构特点。 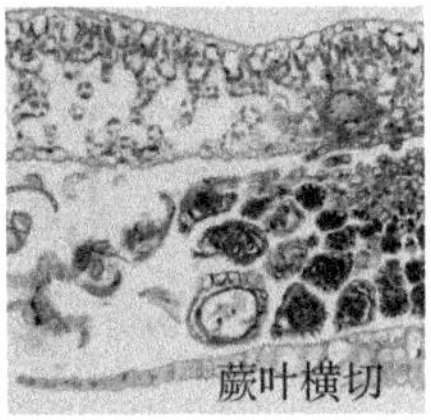 蕨叶横切 　　　　地钱叶横切 3. 比较苔藓和蕨类植物的植株高度，尝试推测原因。（巡视学生学习的进度并掌握学生对问题的理解深度。） 预设学生会有很多的想法和疑问，组织学生开展小组合作，并出示展示要求。	交流苔藓和蕨类的名称。 结合图片、名称、实物认识常见的苔藓和蕨类的种类。 阅读并明确学习任务。 开始自主学习。 小组交流观察结果并解决观察中的疑问。	学生通过交流与阅读教师提供的资料，了解常见的苔藓和蕨类植物的种类。 将本节课的重难点作为表现性任务，引导学生探究，突出重点、突破难点。 问题的设计采取层层递进方式，能驱动学生思考，也能给学生解决问题提供支架，帮助学生形成高阶思维能力。 通过分组探究不同的苔藓和蕨类植物，总结归纳、概括出苔藓和蕨类植物的形态结构特征。 通过观察、比较、探究等方法和自主、合作、展示学习等形式，学生达到能够概括出苔藓和蕨类植物的主要特征，

续表

教学环节	教师活动	学生活动	设计意图
探究实践 结构完善	展示要求： 1. 结合下图，说明苔藓和蕨类植物器官分化情况。 2. 结合下图，比较说出地钱和蕨叶的结构特点。 3. 比较苔藓和蕨类植物的植株高度，尝试推测原因。 4. 每组推选 1 名发言人，发言人到台前交流时，先说组内达成共识的观点，再说组内的分歧或疑问。 巡视学生的合作进度和交流深度。 学生合作结束后，组织学生进行交流。 预设学生在苔藓的器官分化上和蕨类植物根茎的位置指认上会有问题。 提供拓展资料，引导学生深入探究苔藓和蕨类植物的形态结构特点。 拓展资料 1：苔藓植物——苔藓植物有苔	班级分享，展示交流。 学生阅读拓展资料，修正、完善观察结果。 进一步完善知识结构，利用知识结构中的内容解决问题。	提升科学探究的能力。 通过拓展资料帮助学生构建苔藓和蕨类植物形态结构特征的概念，引导学生形成在科学探究过程中实事求是的品质。

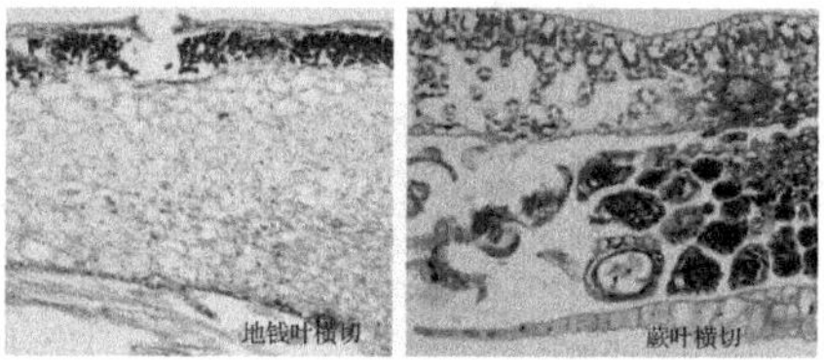

教学环节	教师活动	学生活动	设计意图
探究实践 结构完善	纲和藓纲。苔纲多为扁平的叶状体,有背腹之分;体内无导管;根是由单细胞组成的假根。藓纲有茎、叶的分化,茎内具有中轴,但无导管;根是由单列细胞组成的分枝假根。 拓展资料2:蕨类植物——我们所见到的蕨类植物,地上部分实际上是它的叶,它的茎位于地下(桫椤除外)。蕨类植物的叶属于大型的复叶,地上部分看似"茎"的结构是它的叶柄,看似"叶"的结构是复叶上的小叶。 组织学生巩固掌握苔藓和蕨类的形态结构特征,并引导学生再次总结:蕨类比苔藓植物高大的原因。 |	苔藓 植物	蕨类 植物
---	---	---
生活 环境		
形态 结构		| 在上表基础上,提供藻类植物的生活环境和形态结构特征。总结提升: 1.生物的进化规律是从水生到陆生,由简单到复杂。 2.生物的形态、结构都是与环境相适应的。 蕨类植物在进化上出现了根和输导组织,但为什么还是要生活在阴暗潮湿的环境中? 预设学生能说出蕨类植物的根不发达,因此提供关于孢子生殖方面的拓展资料。 提供孢子和孢子囊群的文字资料和视频,组织学生学习。	推测、总结生物进化规律。 阅读资料,进一步理解苔藓和蕨类植物生存离不开水的原因。	通过观察、比较、搜集与呈现资料,给学生渗透科学探究的方法。 通过分析问题帮助学生深度学习,培养高阶思维能力,形成适应观和结构功能观这两个生命观念。

续表

教学环节	教师活动	学生活动	设计意图
探究实践 结构完善	拓展资料3：孢子囊群和孢子——蕨类植物小叶的背面边缘常可见到一些褐色的隆起，这些隆起甚至连接在一起，被称为孢子囊群，孢子囊群中有许多孢子囊，孢子囊中有许多孢子。孢子是蕨类等植物的生殖细胞，成熟的孢子落在温暖潮湿的地方就会萌芽和生长。 总结提升：孢子植物的生殖方式也是决定它们生活在潮湿环境中的原因，生物的形态结构与生理功能都是与环境相适应的。 任务：举例说明苔藓和蕨类植物在生物圈中的作用，组织学生交流苔藓和蕨类植物在生物圈中的作用。 播放苔藓和蕨类植物作用的视频，组织学生观看交流。	交流苔藓和蕨类植物的作用。 观看视频，梳理、交流苔藓和蕨类植物的作用。	通过交流分享和观看视频，认同苔藓和蕨类植物在生物圈中的重要作用，形成关注和保护苔藓和蕨类植物及其生活环境的意识，增强社会责任感。
知识梳理 总结内化	组织学生根据知识结构梳理本节课的知识要点。	将本节课的内容整理沉淀。	巩固内化所学知识。
课后实践 学以致用	布置课后实践：培养×苔藓。 给学生分发未知的苔藓孢子粉，组织学生用本节课所学知识说出培养苔藓孢子的方法。	交流培养方法。	通过实践体验，激发学生学习兴趣。 通过实践体验，帮助学生巩固、运用所学知识。

单元整体教学助学单

助学单包括学习目标、评价设计、前置性体验、驱动性问题、学习活动、知识框架等。本案例呈现的是一个课时助学单，旨在引导学生深度自主学习。

历史学科课时深度学习助学单

第15课　探寻新航路

一、学习目标

1.学生通过合作探究，能够理解新航路开辟的根本原因，了解新航路开辟的其他因素，训练用联系发展的眼光分析历史问题的能力。

2. 学生通过识读地图和自主学习，能够列举开辟新航路的探险家及开辟路线，感知航海家敢于冒险的开拓进取精神。

3. 学生通过分析史料，能够多角度解读新航路开辟带来的影响，理解新航路开辟对世界历史进程的重要推动作用。

二、学习重难点

重点：哥伦布发现美洲、麦哲伦环球航行。

难点：新航路开辟带来的影响。

三、前置性体验

搜集哥伦布、麦哲伦等航海家的事迹，初步了解其经历，为本节课的学习做铺垫。

四、驱动性问题

新航路的开辟是如何影响世界历史进程的？

五、教学活动设计

环节一：

1. 预期达成目标——知道新航路开辟的背景。

2. 学习内容——新航路开辟的原因。

3. 教学形式——结合材料合作探究，从经济、社会、商业、宗教、科学五个方面分析新航路开辟的原因。

材料1：14世纪、15世纪，欧洲商品经济的发展促使资本主义萌芽出现，货币成为普遍交易工具，社会各阶层人士无不醉心于搜寻黄金和财富。

材料2：哥伦布说过，"谁占有黄金，谁就能获得他在世界上所需的一切"。《马可·波罗游记》中说："东方简直是一个黄金的世界，冒险家的乐园。"

材料3：15世纪中叶，奥斯曼土耳其帝国兴起，先后占领小亚细亚和巴尔干半岛，控制传统商路，对过往商品征收重税，使运抵西欧的货物不仅量少，而且比原价高8~10倍。于是，西欧的商人、贵族，迫切希望另辟一条绕过地中海东岸直达中国和印度的新航路。

材料4：欧洲大陆西南端的西班牙于1492年收复了阿拉伯人在伊比利亚半岛上的最后一个据点，信奉天主教的西班牙人从长期的伊斯兰教统治下获得了解放，但在斗争中也产生了强烈的宗教情绪：热衷于传播天主教，使穆斯林和其他"异教徒"皈依天主教。

材料5：中世纪时，欧洲人认为耶路撒冷是世界中心，地是平的，有四个角。随着欧洲地理学的发展，人们才逐步相信地球是圆的。

4. 评价设计：

一位美国历史学家这样总结道：在欧洲的海外扩张中最重要的推动力不是哥伦布、达·伽马，而是那些追求资本的企业家们。对这一观点最恰当的解释是（　　　）

A. 否认了航海家们的贡献

B. 凸显了企业家的作用

C. 企业家为航海活动提供了物质支持

D. 资本的需求是海外扩张的根本原因

环节二：

1. 预期达成目标——新航路开辟的过程

2. 学习内容——4 位航海家开辟的新航线

3. 教学形式

自主学习课本第 72、73 页，概括归纳 4 位航海家的成就。

合作探究绘制 4 位航海家的航线图。

4. 评价设计：梳理完善 4 位航海家的航海信息表格（见表 3.5）。

表 3.5　4 位航海家航海信息表

航海家	资助国家	航行时间	主要成就
迪亚士			
哥伦布			
达·伽马			
麦哲伦			

环节三：

1. 预期达成目标——知道新航路开辟的影响

2. 学习内容——新航路开辟的利与弊

3. 教学形式

(1)合作探究：根据史实材料分析新航路开辟的影响。

（2）归纳总结：新航路开辟的利与弊。

4.评价设计：识记掌握新航路开辟的意义

六、思维导图

请用时空体系的方式梳理出资本主义萌芽、新航路开辟、资本主义发展三者之间的关系：

七、课堂检测

1.16世纪时欧洲的一位外交官说，在对东方的探险中，"宗教提供借口，而黄金提供动机"。这反映了当时（　　）

A.寻找黄金是为了传播基督教

B.输出黄金是殖民扩张的重要方式

C.黄金是推行外交政策的唯一手段

D.追求黄金是新航路开辟的推动力之一

2.（2017·金华）习近平主席指出，21世纪是海洋世纪，只有着力打造"向海经济"，才能写好21世纪"海上丝绸之路"新篇章。以下史实能论证"向海则兴"的是（　　）

A.新航路开辟　　　　　　　　B.戚继光抗倭

C.鉴真东渡　　　　　　　　　D.两河流域文明兴盛一时

3.（2018·宜宾）新航路开辟后，美洲的烟草、可可、马铃薯等作物由西班牙人带回欧洲，后来又传到其他地区；麦子、水稻、甘蔗、葡萄等则随欧洲移民一起进入美洲。这段材料说明新航路的开辟（　　）

A.使世界完全连成了一个整体　　B.促进了资本主义发展

C.丰富了世界各地人们的生活　　D.使美洲遭到残酷掠夺

第二节　项目化学习——学习方式情境化

培育学生核心素养不仅需要改变教师的教，更需要改变学生的学。"真学，从儿童立场出发""在挑战性任务中集体攻关""让学习真正发生""在做事中学会做事"，无一不在说明转变学生学习方式的重要性。基于新课标的项目化学习是充分体现以学生为中心的教育理念，落实课程实施的有效途径。

我们所理解的项目化学习以学科知识技能为内核，以活动与体验为核心特征，用学习产品组织教学活动，使学习任务典型化、具体化，丰富学生的直观体验，并通过所获得的成果激发学生的学习热情，提高学习的主动性、积极性。学生在真实的充满挑战性的任务中，通过长线浸润式学习，解决问题并输出成果，形成对核心知识和学习历程的深刻理解，从而以项目成就学习的真正目的，从"学以致用"走向"用以致学"。

环翠中学从学科内项目化学习和跨学科项目化学习两个方面积极探索实践。

一、学科内项目化学习

(一)自我赋能，流程构建

项目化学习作为一种新的学习形态，需要教师具备一定的理论认识和经验积累。

一方面我们引领教师开展专项学习，广大教师通过阅读夏雪梅博士的《学习素养视角下的项目化学习》等系列书籍，关注项目化学习运营较好的名校的公众号，研究优秀的项目化学习案例，对项目化学习形成认知并进行了积极的思考。

另一方面学校建构学科内项目化学习的设计流程和规范，指导教师按照"依据课标学情，确定项目主题—梳理核心知识，明确学习目标—确定驱动问题，明确挑战任务—实施跟踪评价，完善项目过程—外显成果展示，综合评估改进"的流程设计项目化学习方案。

各备课组从课程标准、教材内容出发，连接现实生活与真实问题，考量过程支架与评价引导，开发设计一个项目方案。分管学科领导依据规范进行审核评比，将优秀的项目化学习案例录制成微课视频，引领全校教师不断碰撞交流，互相取长补短，调整完善项目方案。

（二）积极探索，范式引领

课程开设只有通过实践检验才能落地生根，我们以国家课程校本化实施为导向，每学期拿出固定课时，开设项目化学习课程，包括项目开题课、知识能力建构课、合作探究课、成果展示课等。学科分管领导跟踪听课指导，发现问题，及时调整，让课程推进更科学实效。

如化学学科内项目化学习——简易净水器。初三化学备课组以河南暴雨时政热点为情境背景，结合化学教材中的学习内容，设置驱动性问题：自然界的水如何成为千家万户的水？引领学生结合"自然界的水的存在形式及分布情况"的具体知识，掌握分离水中不同杂质的方法，以自制简易净水器为具体的项目开展学习。

在项目化学习中，重点围绕化学学科中的"证据推理与模型认知""实验探究与创新意识""科学精神与社会责任"这三个核心素养。在参观污水处理厂时，引导学生去观察收集污水处理的相关材料，并用化学的视角解释污水处理的原理；在动手制作净水器时，创造性地提出具体的模型建构方式，基于实验效果不断优化调整净水器的实际效果；在市场家用净水器调研中，掌握基本的调研方法，对调研数据进行加工并得出和自己需求一致的结论。真正地在项目实践中强化学科的核心素养，同时为学科内项目化学习提供一般范式和基本思路。

初三化学项目化课程——自制简易净水器

项目式学习是以解决生活中的真实问题为出发点进行的深度探究性学习，在探究和解决问题的过程中挖掘学生最大学习潜能，将单纯的知识点学习转化为项目化任务驱动学习，使学生能够将知识的学习和生活实际相联系，激发学生的内在学习动机，形成持久的学习动机。

我们不断强化"学生立场"，促进学习方式的转变，让学生成为教与学的主体。以问题的发现、探究、解决为主线，融通教材知识与现实生活，从项目的选择、组织、评价等方面升级原有的学科拓展课程。采用专门设课、微视频线上引领相结合的方式，培养学生自主探究的能力，获得深刻的成长体验。

本学期第二单元第二节《自然界中的水》围绕大众关注的 2021 年夏季出现的郑州洪灾、山西暴雨，引导学生自主探究、深度学习，解决实际问题，关注个体与他人、社会与世界、人类与自然。以下是课程设计方案：

一、项目化课程背景

本项目是鲁教版八年级上册第二单元《探秘水世界》第二节《自然界中的水》中的内容。教材中主要介绍了两部分内容：一是水的天然循环，二是天然水的人工净化。从纯水、自然界的水及自来水的成分不同引入水的净化问题，以自来水厂水净化过程为例将沉淀、过滤、吸附和蒸馏等净化水的方法有序地联系起来，并从认识水的角度出发，将学生视角从社会生产转入化学学科，再应用于社会生活中。

二、学情分析

初三年级学生大多处于 14～16 岁，正处于皮亚杰认知发展理论的形式运算阶段，该阶段的学生，已经具备一定的逻辑思维能力，能够运用逻辑推理解决问题。同时，学生在此阶段已经具备了一定的生活常识和生活经验，能够对生活中的事物和现象进行自主观察和分析，并且具有一定的动手能力。

1. 知识储备方面：

(1)初三学生对自然界的水有了一定的认识，知道自然界的水有湖泊水、河水、海水等存在形式，但是对自然界的水的具体分布情况不是很了解。

(2)学生已经知道自然界的水中有多种物质——可溶性杂质和不可溶性杂质，但不清楚如何除去这些杂质。

(3)学生从生活经验中可以知道活性炭能用于吸附有颜色和有气味的物质，但是不清楚活性炭吸附与化学的关系。

(4)对生活用水来源有了解，知道生活用水需要经过自来水厂的净化，但不了解自来水厂的具体操作过程。

2. 能力储备方面：

(1)学生虽然初步地掌握了一些基本的化学实验操作技能，但对具体的实操不能准确地进行。

(2)学生在生活中听说过过滤，接触过生活中的过滤操作，但并不太清楚实验室如何进行过滤操作。

(3)本课的教学内容与生活紧密联系，学生的情绪和心理应处于兴奋和好奇的状态，为本课的学习做良好的心理铺垫。

三、核心知识

1. 自然界中水的存在形式及分布

2. 物质分类研究的思想和方法

3. 分离混合物的一般思路

天然水是一种常见的复杂混合物。通过对天然水组成成分的分析，认识混合物和纯净物的概念，初步掌握物质分类研究的思想和方法。净化天然水是初中化学分离混合物的重要实验之一，通过该实验学习混合物分离提纯的方法(例如沉降、过滤、吸附、蒸馏)，同时形成分离混合物的一般思路，即根据混合物中不同成分的颗粒大小而进行分离的方法(见图 3.6)。

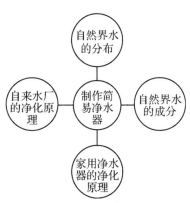

图 3.6　净化天然水思路图

四、项目化课程目标

1. 通过查阅资料了解当前自然界的水的存在形式和分布情况，培养学生资料收集、整理分类的能力。

2. 通过对自来水厂净化原理和家用净水器净化原理的调查，培养学生调研和分析的能力。

3. 通过学生亲自制作简易净水器，锻炼其动手能力和创新能力。

五、项目化课程驱动性问题

1. 本质问题

水资源与环境保护

2. 驱动性问题

自然界的水如何成为千家万户的水？

六、项目化课程实施

项目一：自然界的水的存在形式及分布情况是怎样的？

活动 1：查阅资料，了解自然界的水的主要存在形式及分布范围

活动 2：查阅资料，了解自来水和自然界的水在成分上有什么不同之处

活动 3：厘清将自然界的水净化成中水、自来水、饮用水分别要除去哪些物质

探究的主要内容：

1. 自然界的水的存在形式和分布情况；

2. 自然界中的水含有的杂质可分为可溶性杂质和难溶性杂质；

3. 水的净化程度不同，除去的杂质不同。

教学方式：学生将搜集的资料做成PPT进行全班范围内的汇报。

项目二：明确分离水中不同杂质的方法

活动1：通过网上查阅资料或者询问家长的方式调查自来水厂净化水过程中主要进行了哪些除杂步骤和添加了哪些药品，其作用是什么

活动2：查看家用净水器的说明书，了解家用净水器的净水原理

探究的主要内容：

1. 根据混合物的颗粒大小明确不同的分离混合物的方法；

2. 分离混合物的过程中用到的药品及作用和仪器；

3. 分离混合物的操作的注意事项。

教学方式：演示实验、小组合作。

(三)辐射推广，全面推进

在优势学科先行一步的基础上，全学科开展实施学科内项目化学习。强化"学生立场"，将解决问题作为学习出发点，让学生成为教与学的主体。鼓励学生进行项目式学习成果展示，大胆表达自己的见解，提出解决问题的方法。思政学科通过网络辩论，让学生厚植家国情怀；理化学科设计多样化的项目探究活动，如"家庭灭火器的制作""嫌疑人的体重"等，让学生联系所学，走近科学；历史学科开展"法华院与中日韩三国外交探源""刘公岛在甲午海战中的重要作用"等主题项目的探究……学生们积极分担任务、分头搜集资料、动手实验探究、合作分享交流，在解决问题的过程中润泽生命品质，从接受式学习走向参与式学习，从而提升学习能力；在综合运用学科知识和方法的基础上走向学科核心素养的拔节深化。

学科内项目化案例

学科内项目化学习以学科核心素养为起点，最终让学生实现知识的再建构，能够在新的情境中迁移、运用、转换，产生新知识并且解决实际问题。本案例通过学科内核心知识的建构和迁移运用，以可视化成果"简易灭火器"的呈现，培养学生的高阶思维能力。

初三化学"家庭生活中，如何制作简易灭火器"项目化课程

一、项目名称："家庭生活中，如何制作简易灭火器"

二、项目研究背景

现实背景：

我们常用的灭火器有干粉灭火器、泡沫灭火器、二氧化碳灭火器3种，家庭生活中不同原因导致的火灾，需要采用不同的灭火器进行灭火。一旦有火情出现，我们借助自行制备的灭火器，控制火势蔓延，就可以减少经济损失。但

在现实中，很多家庭一般不会自行配备灭火器。

化学学科素养：

宏观辨识与微观探析、变化观念与平衡思想、证据推理与模型认知、科学探究与创新意识、科学态度与社会责任。"宏观辨识与微观探析"，阐述的是"宏微结合"；化学是变化之学，"变化观念与平衡思想"，阐述的是化学变化中的"变"与"不变"问题，化学变化中的"不变"，是相对不变，存在动态平衡。因此，这2条素养反映的是化学学科思维方式和化学学科思想。"证据推理与模型认知"，反映的是化学学科思维方法，属于化学科学认识范畴；"科学探究与创新意识"，属于化学科学实践范畴；"科学态度与社会责任"，重点强调化学科学的绿色应用和社会责任担当，属于化学科学价值范畴或化学科学应用范畴。

化学学科课程理念：

1. 引导从学生已有的经验出发，在熟悉的生活情景和社会实践中感受化学的重要性，了解化学与日常生活的密切关系，逐步学会分析和解决一些与化学有关的简单的实际问题。

2. 学生有更多机会主动地体验科学探究的过程，在知识的形成、相互联系和应用过程中养成科学态度，学习科学方法，在"做科学"的实践中培养创新精神和实践能力。

3. 为每一个学生的发展提供多样化的学习评价方式，既要考核学生掌握知识、技能的程度，又要注重评价学生的科学探究能力和实践能力，还要重视考查学生在情感、态度、价值观方面的发展。

学情背景：

燃烧和灭火都是学生不乏生活经验的现象，学生已经知道很多促进燃烧和灭火的方法，但是他们还不能从化学反应的角度认识燃烧和灭火的原理。本项目化课程的意图是从生活走入化学，帮助学生逐渐实现从生活经验向化学原理的过渡和提升。

学生关于二氧化碳的生活经验很丰富，主要分散在用途和环境领域，对于性质领域的了解仅限于知道二氧化碳可以使澄清石灰水变浑浊，但是不知道其中的原理。在本单元中新增的二氧化碳的制取与收集虽有关于氧气的学习作为铺垫，但仍有不同，就此阶段的发展水平而言，学生在分析相关问题时的全面性、严谨性不足。设计实验能力是教学的发展点，也是障碍点。因此，应达到帮助学生形成"以化学变化为工具，研究物质的性质，实现物质的制取、检验、收集乃至应用"。

学生安全意识薄弱,日常生活中如何避免火情出现,仅限于不要出现明火,但燃气的使用、电器的老化等问题都可能导致火灾的出现。对于不同原因导致的火情,应该如何进行灭火,选用什么样的灭火设备,要求教师充分调动学生已有的生活经验和知识积累,定准起点、铺好台阶,把学生推向更高的认知层次。

教材背景——第六单元 《燃烧与燃料》

本单元从学生司空见惯的燃烧和灭火现象入手,以学生已有的生活经验作为学习起点,使学生从化学科学的角度认识燃烧就是一种化学反应,体会到化学就在身边,从而激发学习化学的兴趣和愿望,自然而然地从生活走进化学。

控制化学反应的条件就能控制反应的进行,所以控制燃烧的条件就能控制燃烧的进行。利用二氧化碳灭火的原理就是破坏维持燃烧的条件,引导学生站在比生活经验更高的层次上,更系统地学习二氧化碳的制取和性质。如此才能脱离单纯地罗列知识和陈述,使学生对二氧化碳这一代表性物质的学习更有价值和魅力。

气体制取与收集是八年级学生应掌握的基本实验技能,也是化学中考的重点考查内容之一,在初中化学教学中占有非常重要的地位。本项目还会借助教材中的"实验室里制取气体的装置"来探究实验,通过优化改进实验装置制取二氧化碳,自主设计多种制取二氧化碳的实验装置,从而提高学生自身的创新能力,引发创造性和探究性学习。

生活情境素材:

1. 厨房天然气使用、做饭时引发火灾、燃气爆炸。

2. 根据二氧化碳既不能燃烧,也不能支持燃烧的性质,人们研制了各种各样的二氧化碳灭火器,有泡沫灭火器、干粉灭火器及液体二氧化碳灭火器。

干粉灭火器可扑灭一般火灾,还可扑灭油、气等燃烧引起的失火。干粉灭火器是利用二氧化碳气体或氮气气体做动力,将筒内的干粉喷出灭火的。

二氧化碳灭火器主要用于扑救贵重设备、档案资料、仪器仪表、600伏以下电气设备及油类的初起火灾。

普通泡沫灭火器不可用于扑灭带电设备的火灾,否则将威胁人身安全。可用来扑灭A类火灾,如木材、棉布等固体物质燃烧引起的失火;最适宜扑救B类火灾,如汽油、柴油等液体火灾;不能扑救水溶性可燃、易燃液体的火灾(如醇、酯、醚、酮等物质)和E类(带电)火灾。

三、项目实施策略

(一)项目式学习流程(见图 3.7)

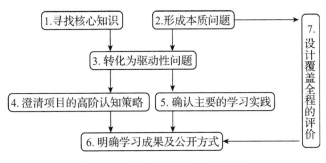

图 3.7 项目式学习(PBL)流程图

(二)梳理核心知识

单元目标：

1. 通过项目化学习，学生应学会从化学的视角认识燃烧的条件，知道灭火的原理，认识到内因是变化的依据，外因是变化的条件，外因只有通过内因才能起作用，形成控制化学反应的条件就能控制反应的进行的学科方法观念。

2. 通过具体的实验探究过程，学生初步学习二氧化碳的实验室制取方法、实验装置的优化改进、二氧化碳的性质。

3. 初步形成变化观、科学的物质观和合理利用物质的观念、提高安全意识。

拓展创新活动：

1. 优化、创新、改进实验制取与收集二氧化碳气体装置。

2. 利用家庭生活中的常见物质和用品组装简易灭火器。

(三)设置驱动性问题

1. 本质问题：家庭生活中出现火情时，应采取怎样的措施灭火？

2. 驱动性问题：如何通过简单、易操作的装置灭火？

子问题 1：燃烧是怎样发生的？(探究燃烧的条件)

子问题 2：用尽可能多的方法灭火，并思考为什么该方法有效？(探究灭火的原理)

子问题 3：如何通过操作简单、安全、利用率高的装置制取二氧化碳？

子问题 4：家庭生活中哪些物品、物质可以用来制取二氧化碳气体，同时能在火灾发生时迅速用于灭火？

子问题5：能利用哪些物理知识和材料知识优化装置，解决由于二氧化碳气体产生压强而造成次生危害的问题？

（四）设计探究过程

"家庭生活中，如何制作简易灭火器"项目化课程

1. 项目提出——情境问题

（1）播放家庭火灾视频，引出项目式学习内容。

（2）讨论实验室二氧化碳制取、收集存在的不足（见图3.8）。

	左图二氧化碳制取、收集装置均存在以下不足： （1）该类装置的最大缺点是不能随开随停，不但浪费试剂，而且不便于开展多班级教学。 （2）成套的玻璃仪器容易破损，且在学生分组实验时更是如此。

图3.8　实验室二氧化碳制取、收集图

针对上述不足，提出"如何通过简单、易操作的实验装置来制取二氧化碳"。

①设计的实验要有严格定量；

②要考虑到学生现有的知识水平和实验条件，适用于课堂演示，并能应用于家庭生活中；

③实验过程中选用的仪器要尽量简单、安全、方便操作；

④发散思维，摆脱教材中验证案例对思维的束缚，所列举的验证方法要避免重复。

2. 项目团队——小组合作

全班同学分为若干个项目探究团队，项目组之间可以交流，组内成员分工协作（见表3.6）。

表3.6　项目团队分工表

项目团队名称	项目组成员	项目组成员分工			
		资料搜集	方案制定	过程评价	成果展示
1					
2					
3					
……					

3. 项目信息——搜集信息

鲁教版初三化学八年级下学期(核心知识)：

(1)灭火的原理

(2)实验室制取气体的一般思路、简易且安全地制取气体实验装置的设计与组装

(3)家庭生活中可以发生反应并生成二氧化碳的物质

(4)如何解决制取的二氧化碳气体由于产生压强而造成次生危害的问题

在实际教学过程中，化学组教师发现教材中所设计的二氧化碳制取装置存在一定的弊端。例如，尽管制取方法非常简单，但却无法做到随用随取，且在制取时非常容易因密闭性不强而使二氧化碳流失，浓度变小，导致实验效果不明显或失败。加之，制取装置均为玻璃器材，稍有不慎就会损毁。再加之，制作时无法准确把握用量，造成大量化学药品被浪费等。

教材中的探究思路：

(1)研究燃烧的条件、灭火的原理

(2)选择适当的化学反应，包括明确反应物和反应条件

(3)选择合适的实验装置制取二氧化碳

(4)检验并验满所制得的气体

(5)寻找家庭生活中的替代性实验仪器和药品，制取二氧化碳并利用物理知识解决二氧化碳气体由于产生的压强而造成次生危害的问题，根据二氧化碳的性质，将其应用于灭火

4. 项目化学习方案——制订方案

(1)项目化学习目标

①通过对"燃烧的条件"的学习，学生能认识到内因是变化的依据，外因是变化的条件，外因只有通过内因才能起作用，形成"控制化学反应的条件就能控制反应的进行"的学科方法观念。

②通过探究如何选择制取二氧化碳的理想药品，树立多角度、多层次地观察和分析问题的意识。

③通过对比氧气、二氧化碳的实验室制法，设计不同的项目实施方案，探究实验室制取二氧化碳的最优化装置并利用设计的装置制取二氧化碳，提高学生的动手能力及由特殊到一般的归纳能力。

④通过项目小组合作，寻找生活中的替代性实验仪器和药品，制取二氧化碳，并根据二氧化碳的性质，将其应用于灭火，各成员全部参与探究过程中，

让学生充分认识、体会过程性的学习，逐渐形成合作观。

⑤将科学探究活动与项目化学习方式结合，继续提高学生学习化学的好奇心和探究的欲望，激发和发展学生学习化学的兴趣，培养学生求实、创新、严谨、合作的科学品质和集体协作的团队精神。

（2）具体实施过程

①教师通过操作示范，提供视频、图片等学习资料展示新知，呈现需完成的学习任务。

②学生小组交流合作，通过翻阅教材、查阅书籍、向老师咨询、上网等方式搜集相关信息资源，提取其中有用的信息以支撑项目化学习活动的展开。

③运用所学气体的性质、实验仪器的组装等知识开展测验与探索创新等活动，改进、优化、创新实验方法以及简化实验装置的操作。

5. 项目展示

（1）教师应引导学生探索真实的项目活动，指导组长负责分配每一位小组成员所要承担的任务，并要求每一位小组成员于组内展示自身学习成果，通力合作完成项目学习任务。

（2）学生小组协作，利用跨学科知识和技能完成作品的制作。作品形式多样，如实物模型、图画作品等，并根据一定的评估标准对作品进行测验与评估。

（3）该阶段重在提升对作品的方案设计、优化以及动手制作能力，将知识转化为技能，增强解决现实问题的能力。

具体实施：

（1）展示项目日志（信息搜集、信息处理、信息应用）

（2）通过现场演示照片、视频、幻灯片等途径公开展示项目成果

6. 项目评价

过程性评价：

第一层：信息搜集（记录信息搜集的途径及过程）（见表 3.7）

表 3.7 项目信息搜集表（一）

项目团队名称：	记录人：

1. 阅读——通过阅读教材，发现教材中制取二氧化碳的实验装置存在不足，比如不能随开随停、浪费药品等，经过进一步查阅相关参考书，发现可以弥补不足，故利用其他仪器改进实验装置，以达到更好的实验效果。 详细内容：
2. 访谈——通过与老师交流，确定该项目方案的安全性和注意事项。 详细内容：
3. 研究——项目方案的可行性。 详细内容：
4. 信息冲浪——通过上网进一步查询相关资料，确定用改进装置制取二氧化碳过程中的注意事项，并与同伴进行交流。 详细内容：
5. 收获与疑问——在家庭厨房收集可替代的实验仪器与药品的过程中，你有哪些收获与疑问？ 详细内容：

第二层：信息处理（记录信息处理的过程和方法）（见表 3.8）

表 3.8 项目信息处理表（二）

项目团队名称：	记录人：

1. 绘制设计实验装置图，标注清楚替代仪器。
2. 分析——该实验需要保证反应装置的气密性，实验过程中更要注意规范操作，除此之外，采纳团队成员意见，并逐步优化实验装置的设计。 详细的分析过程：

续表

3. 结论:
4. 收获与疑问:关于灭火器的选择与反应装置的设计,你有哪些疑问与建议?

第三层:信息应用(记录信息应用的过程及方案)(见表3.9)

表3.9 项目信息应用表(三)

项目团队名称:	记录人:
1. 设计实验步骤:	
2. 检验实验装置:	
3. 修改实验方案:	
4. 展示:	
5. 过程性评价:	
6. 反思与总结:分享项目化学习过程中,对化学学科发展及应用的想法。	

结果性评价:

(1)组内成员互评(见表3.10)

表3.10 项目成员互评表

评价要素		参考标准(分)	项目成员			
知识能力30分	灵活运用燃烧的条件分析火情出现的原因。	0—10				
	理解灭火的原理并能找到更多的灭火方法。	0—10				
	优化实验装置做到简单、实用。	0—10				

续表

评价要素		参考标准（分）	项目成员			
创新能力30分	在独立思考的基础上能够积极参与问题的解决。	0—10				
	具有问题意识，能主动思考问题，从不同的角度提出自己的疑问。	0—10				
	积极展示项目日志，交流项目探究过程中的感悟与疑问。	0—10				
团队合作30分	认真倾听组员发言，积极交流自己的想法。	0—10				
	共同完成任务。	0—5				
	帮助其他队员完成任务。	0—5				
	组内不能解决的问题积极寻求其他组帮助，交往意识强。	0—5				
	有团队意识。	0—5				
附加分10分	承担改进、优化装置的关键环节。	0—5				
	积极制作灭火器模型。	0—5				
总分100分						

（2）教师评价

访谈式评价与调查问卷

学生科学探究现状访谈提纲（实验前）

一、访谈目的

了解新课改项目化学习方式在化学教学中的落实情况。

二、访谈对象

不同层次的 20 名学生。

三、访谈方式

一对一随机抽选一定数量的学生进行访谈。

A层7名；B层7名；C层6名。

四、访谈内容

1. 你对学习化学过程中的科学探究实验的态度是怎样的？

2. 你在了解项目化学习方式之后，是否对这种学习方法产生了兴趣？

3. 你对化学科学探究项目化学习有哪些建议？

科学探究项目化学习效果访谈提纲（实验后）

一、访谈目的

了解化学科学探究项目化学习的实施效果，学生学习能力的变化。

二、访谈对象

不同层次的20名学生。

三、访谈方式

一对一随机抽选一定数量的学生进行访谈。

A层7名；B层7名；C层6名。

四、访谈涉及问题

1. 参加化学科学探究项目化学习，你的收获有哪些？你认为简易灭火器使用效果如何（见表3.11）？

2. 参加化学科学探究项目化学习后，你对化学实验的兴趣有何变化？

3. 你认为教师需要改进哪些内容？

表3.11　简易灭火器使用效果评价表

评价要素		参考标准	项目小组		
装置性价比	灭火器的制作材料能够在日常生活中获得，并且安全性能高。	0—30			
操作方法	灭火操作能够简单、易懂。	0—30			
使用效果	火情初发时能快速、高效灭火，持续时间长，确保不再复发。	0—30			
美观程度	放置于家中不占据太大空间。	0—10			
总分100分					

二、跨学科项目化学习

学生认知的完整性和现实世界的复杂性，决定了学生不可能用单一的学科观点去认识世界、创新创造，这需要超越学科界限在跨学科的学习中融合发展才能解决。《义务教育课程方案》(2022版)明确指出：设立跨学科主题学习活动，加强学科间相互关联，带动课程综合化实施，强化实践性要求。跨学科学习成为新课程、新课改和新课堂发展的必然趋势。此外，在"双减"背景下，原有的单一静态的学习资料、机械重复的讲解训练都无法满足现实需求，综合联动跨学科项目化学习才是行之有效的提升学生综合素养、减负增效的途径。

(一)顶层设计，探寻路径

跨学科项目化学习不能为了项目而项目，更不是各学科活动的大拼盘，学校顶层设计了"1＋N"模式，1代表的是嵌入主题的跨学科课程。N代表的是所涉及的某几个学科分科课程。不同学科的N，在大主题项目的连接穿引下，按照"连接学科知识和素养指向—明确探究目标和驱动问题—设置项目任务和相应评价—开展持续的学教评活动"的路径完成学科项目探究，最后学生综合提炼运用不同学科具有内在逻辑和价值关联的内容，完成对整体问题"1"的解决。在合作与探究中，学生先将不同的学科素养落地为学习实践；又通过对综合复杂问题的探究解决，打通学科之间的关节，将有意义的学习实践凝练为素养输出。规范的路径流程设计，为教师"化散为聚"开展好跨学科项目化学习提供了有效支撑(见图3.9)。

跨学科 顶层设计出"1+N"模式，1代表的是核心任务，N代表的是所涉及的某几个学科课程。

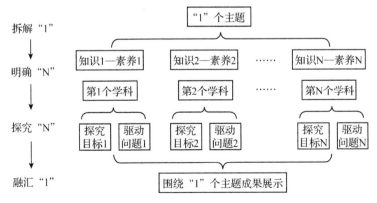

图3.9 跨学科项目化学习"1＋N"模式图

(二)研制案例，实践改进

环翠中学从地理区位优势和中学生的认知特点出发，把培养素养放到一个充满正能量的环境当中，共同研制打造"走近刘公岛"跨学科典型案例。

首先依据逆向设计原理，确定了"'刘公岛，不仅是一个岛'宣传大使推荐会"的核心任务与整体目标(见表3.12)。

在整体架构上，我们依据的流程是：提炼不同学科具有内在逻辑和价值关联的内容—重组学科内容后形成整体目标—提炼围绕刘公岛的探究主题，确立项目探究目标—聚焦探究目标，设计驱动性任务—开展持续的教学评价活动，构建学科综合联动将产生于真实情境中的问题与跨学科的具体任务相结合。

课程标准是教学的灵魂。梳理课程标准，构建跨学科知识网络是跨学科项目化学习的逻辑起点。"走近刘公岛"跨学科项目化学习综合联动政治学科的红色爱国主义教育、历史学科的甲午战争历史、生物学科的和谐自然生态以及地理学科的自然地理优越性的环境分析，在此基础上梳理出知识之间的关联，形成指向核心任务的学科知识体系。

项目确定后组织学生针对不同学科的内容开展探究式学习，让学生通过阅读书籍、查询资料、访谈长辈和实地探究等多样化的学习活动，梯次性地完成学科项目任务和核心任务。最终形成对项目成果的宣传展示，同时深植爱国责任和使命担当，达成用项目拔节素养、综合育人的功能(见图3.10、表3.12)。

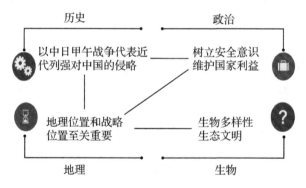

图 3.10 跨学科联动因素图

表 3.12 各学科分解研究内容、目标表

学科	学科内容	学科素养	学科探究目标	驱动性问题	项目任务
历史	甲午百年历史	唯物史观、历史解释、家国情怀	通过参观甲午战争纪念馆，掌握相关文献、照片以及实物史料，了解百年甲午历史的基本脉络。	根据历史学科"起因—过程—影响"的学科逻辑，分析为何说"刘公岛，这座以历史笔墨着色的岛屿，留存着太多百年前的余味"？	1. 探起因：结合《甲午中日纪要》，分析甲午中日战争爆发之前的中日两国分别是什么情况？ 2. 析过程：中日甲午战争包括哪些重大战役？ 3. 颂英雄：中日甲午战争中涌现出哪些可歌可泣的英雄？
政治	红色爱国感言	政治认同、科学精神、公共参与	通过寻访刘公岛上红色威海党性教育基地，感受祖国的沧桑巨变；讨论时政热点，体会中国共产党历尽苦难，不忘初心；以史为鉴，对中日关系提出自己的思考。	铭记祖国历史，秉承先烈遗志，继往开来，结合时政和研学所见，思考中日关系的发展。	1. 假设你是旅游公司的导游，让你设计一条针对爱国主题的刘公岛游览路线，你会怎样选择？请写出设计意图。 2. 刘公岛景区有一处"钓鱼岛主权展"，钓鱼岛是中国的，请调查资料，了解钓鱼岛的历史，并结合时政新闻进行说明。
生物	和谐自然生态	生命观念、理性思维、科学探究、社会责任	通过实地观察，收集刘公岛上不同的生物类型，结合所学知识进行分类，用生物观点进行学科描述，思考岛上植物与陆地植物的区别以及分布利弊，思考其中的根本原因。	结合课本教材已经学过的五大类植物，观察在刘公岛上的植物，思考其与陆地植物有哪些异同。	1. 拍摄每一种植物的照片，并用形色软件鉴别其种类。 2. 将每一种生物的形态、结构、环境特点进行简要记录。 3. 对发现生物根据生物分类方法进行归类总结。 4. 分析岛上植物与陆地植物分布的异同。

续表

学科	学科内容	学科素养	学科探究目标	驱动性问题	项目任务
地理	优越地理环境	人地协调、综合思维、区域认知、实践能力	通过刘公岛地貌感知，结合地理学科的基本知识，分析刘公岛地理环境的优越性；思考在人地协同的前提下，如何进行区域规划，对刘公岛树立和谐的人地观。	刘公岛不仅仅是个岛，它的发展兼顾军事、渔业、旅游等方面，如何做到生态发展，你有什么建议？你认为刘公岛还有哪些待开发的旅游资源？你会如何规划开发呢？	1. 明确地理位置：刘公岛是威海最大的岛屿，你能通过图文描述它的地理位置吗？2. 归纳自然特征：结合所学知识和自身体验，图文结合分析刘公岛的地形、气候有什么特征。3. 探析旅游现状：21世纪是海洋世纪，向海洋进军的号角已经吹响，海岛旅游开发的热潮一浪高过一浪。刘公岛的旅游开发具有哪些优势？又存在哪些不足？

在实践过程中我们不断研讨复盘，以"刘公岛"为主题的跨学科项目化学习还应引入英语的国际视野，语文的人文信仰，以体育学科的强国之魄为基，积极筹划"二进刘公岛"和"三进刘公岛"，打造系统性、序列性、每届学生都进行的传统跨学科项目。

我们的跨学科项目化学习还有很多，例如联动物理—音乐—美术三科，以物理学科的音色知识点联动音乐的乐器乐理，再到美术的装饰设计，开展"创意音色乐器制作"的跨学科的项目式学习。

学科素养的落实不仅仅是教学内容的选择和变更(学什么)，而是必须以学习方式的变革为保障的系统改进与深化(怎么学)。项目化学习是改变传统学习模式的生动实践，让教育的重心转向学生，让深度学习真正地发生，是课程实施的有力举措。如何运用多种评价维度推动学生素养的形成(学得如何)，并且将学生素养生成的过程可视化、可量化以及可评价，我们愿意不断尝试探索，向教育改革的深水区迈进。

跨学科项目化案例

跨学科项目化学习，围绕核心任务，通过分学科基础学习和跨学科研究学习，打破学科边界，创造性地解决新问题并形成公开成果。本案例通过地域性项目"刘公岛"实现多个学科的融通建构，以"一进刘公岛""二进刘公岛"活动驱动，帮助学生形成对核心知识和学习历程的深刻理解。

一进刘公岛： 今天，我为刘公岛代言

——环翠中学"刘公岛跨学科项目化学习"项目书

项目化学习，是受"基于项目的学习（Project-based learning）"启发而设计的活动，围绕一个主题，精心设计任务和活动，以具体的学习任务为活动的核心，以任务的完成为活动过程，以展示物化的任务成果来体现活动的效果。这方面美国巴克教育学院创造了一个适用于"基于项目的学习"的"黄金法则"（见图 3.11）。

教学环节
七大核心要素

符合标准
营造文化
策划与设计
过程管理
学习目标
·掌握知识和概念
·运用知识的能力
·培养成功技能
参与和指导
提供学习的脚手架
持续性的评价

图 3.11 项目化学习黄金法则图

根据这一法则可知，我们理想中的项目化活动应具备以下特点：通过真实有趣的情境创设，激发学生积极参与；具有实践探究性的操作过程，确保了学生在活动中的"零游离"；活动环节对学生自主性、差异性的尊重，以及活动评价所具有的激励、反思效应，都可以让每个个体享受到项目化学习的快乐与成功。项目化学习过程是全浸润式的，确保了学生个体自始至终地参与学习活动。

一、主题确立

刘公岛具有丰富的文化历史底蕴，它不仅是中国近代第一支海军的诞生地，也是中日甲午战争的爆发地。同时，刘公岛地理位置优越，风景优美、人杰地灵，被称为"东隅屏藩""不沉的战舰"和"海上仙山""世外桃源"。刘公岛是全国第一个海上森林公园，岛上植被覆盖率高，生物种类繁多，人与自然和谐共生，形成了和谐的"生命共同体"。刘公岛也是红色爱国主义教育基地，在这里开展项目化学习能让学生重温峥嵘岁月，接受革命精神的洗礼，感受先辈们的大无畏精神。为了引导学生开展基于解决真实情境中的问题为导向的学习，项目组设置如下核心任务：威海市文旅局聘请环中学子担任"刘公岛"宣传推介大使，我们将如何对外推介"刘公岛，不仅是一个岛"？

二、项目流程

1. 分学科设计学习主题

政治学科：红色爱国主义教育。让学生了解刘公岛的历史，体会中国共产党及革命先辈为国家、为人民的付出与不易，增强爱党、爱国的情感。

历史学科：百年甲午历史。让学生了解刘公岛承载的近代中国苦难屈辱的历史和警示作用，树立勿忘国耻、报效祖国的远大志向。

生物学科：和谐自然生态文明。让学生了解以刘公岛海上森林公园为代表的威海各种生物的分布与结构特点，构建人与自然生命共同体。

地理学科：优越的地理位置和环境。让学生感知刘公岛的地理环境、优越的地理位置特点及待开发的旅游资源，树立和谐的人地观。

2. 分学科选定学习书目及视频资料

政治：书目——《漂泊刘公岛》《龙旗飘扬的舰队》《甲午战争》；纪录片——《北洋海军兴亡史》《中日甲午战争》。

历史：书目——《甲午中日战争纪要》；纪录片——《甲午甲午》《甲午》《真实甲午》《细品刘公岛》。

生物：书目——《威海生物》、《海洋生物多样性》、《生物》（教材）。

地理：书目——刘公岛地图；视频——《刘公岛的由来》《刘公岛宣传》；网络资源——刘公岛旅游攻略、刘公岛简介等。

3. 成立多学科学习团队，线上线下结合学习

①制订计划：活动过程中，教师布置学习任务，要求学生以时间为轴，制订个人学习计划，包括阅读书籍的时间安排、在小组中承担的责任、项目成果

的完成进度等，确保项目学习有序推进。

②自主学习：学生采用精读和跳读相结合的学习方法，阅读教师推荐的书目，做好学习札记，培养摘录能力和精读品鉴能力。在任务单上记录下达成共识的观点，同时把无法解决的问题在任务单中标记出来。鼓励学生在自主学习的基础上，运用导图分析、生生对话等学习活动，搜集信息，充分调动自主探究的积极性，使学习的基本能力与方法成为新任务完成的必备支持。

4. 实地研学（见表 3.13—表 3.15）

带领学生走进甲午战争博物院陈列馆、历史选择馆、钓鱼岛主权馆、珍稀动物园、定远舰、博览馆等景点，学生在沉浸式学习中对项目进行深度的理解。

表 3.13　历史学科刘公岛学习任务表

任务	驱动性问题	任务调查
探起因	结合《甲午中日战争纪要》，分析甲午中日战争爆发之前的中日两国分别是什么情况？	
析过程	甲午中日战争包括哪些重大战役？	
颂英雄	甲午中日战争中涌现出哪些可歌可泣的英雄？	
究败因	甲午中日战争中国失败的原因有哪些？从中国和日本两方面分析。	
看影响	甲午中日战争后中国发生了怎样的变化？这场战争又给日本带来了怎样的影响？	
展未来	近年来，中日在钓鱼岛问题上多次出现摩擦。你认为今日中国该如何应对日本的挑衅？ 中日两国是东北亚地区的重要国家，两国之间应如何相处才能促进东北亚地区的和平与稳定？	

表 3.14　生物学科刘公岛学习任务单——探究植物种类多样性

步骤	过程
学习目的	刘公岛是全国第一个海上森林公园,海岛上植被覆盖率高,生物种类繁多,人与自然和谐共生,形成"生命共同体"。生物多样性是人类赖以生存的物质基础,全力保护生物的多样性是我们每个人义不容辞的责任! 让我们一起探寻刘公岛上的各种生物吧!
学习准备	学习《威海生物》一书,初步了解威海境内的各种生物分布与结构特点。 上网查阅资料,对刘公岛的动物与植被有初步的了解。 带好手机用以拍照,并下载形色软件进行植物种类的鉴别。
驱动性任务	我们已经学习过的五大类植物,在刘公岛上是不是都能找到呢?你能准确判断它们的所属种类吗? 刘公岛上的植被分布与陆地上有何不同?岛上有没有特有的植物呢? 随着岛上地势高度的变化,你发现植被的分布有何不同?
任务要求	拍摄每一种生物的照片,并用形色软件鉴别其种类。 将每一种生物的形态、结构、环境特点进行简要记录。 对发现生物根据生物分类方法进行归类总结。

学习记录	动物名称	环境	形态结构特点	照片	所属类群

	植物名称	环境	形态结构特点	照片	所属类群

续表

步骤	过程
深入探究	你发现岛上哪一植物类群比陆地上多？请分析原因。 你认为岛上环境与陆地环境有什么差别？这会影响植物的分布吗？ 你发现岛上特有的植物种类了吗？ 随着岛上地势高度的变化，你发现植被的分布有何不同？请分析原因。 你在刘公岛上发现了哪些珍稀的动物，它们以什么植物为食？这些植物是岛上本来就有的，还是移植过来的？
我的疑问	
我的收获	

表 3.15　地理学科刘公岛学习任务单

任务	驱动性问题	任务调查
明确地理位置	刘公岛是威海最大的岛屿，你能通过图文描述它的地理位置吗？	
评价地理位置	刘公岛的地理位置十分重要，你能运用资料，综合评价刘公岛地理位置的重要性吗？	
归纳自然特征	结合所学知识和自身体验，图文结合地分析刘公岛的地形、气候有什么特征。	

续表

任务	驱动性问题	任务调查
探析旅游现状	21世纪是海洋世纪，向海洋进军的号角已经吹响，海岛旅游开发的热潮一浪高过一浪。刘公岛的旅游开发具有哪些优势？又存在哪些不足？	
展望未来发展	刘公岛不仅仅是一个岛，它的发展兼顾军事、渔业、旅游等方面，对于如何做到生态发展，你有什么建议？	

5. 小组合作

①根据学习专题，进行任务分配，按照任务单的安排各司其职，完成活动任务单。组长在组织过程中，对组员的参与情况进行过程性评价（见表 3.16）。

②各小组最终以实物展示＋PPT＋表演／演讲／辩论的形式向班级同学分享本组的活动成果。其他小组根据其呈现效果，在五维图上进行评价，并给予"质疑"和鼓励。

表 3.16　小组活动计划表

活动时间			活动地点		活动主题	
小组负责人			小组成员			
展示形式						
活动分工			任务	完成时间	完成度	组长评价
	成员 1					
	成员 2					
	成员 3					
	成员 4					
	成员 5					
	成员 6					
活动内容						
活动总结						

三、实施策略

1. 分学科精深学习

刘公岛作为一个有特殊意义的海岛，是中国近代史的见证和缩影。它不仅自然风光优美，更重要的是人文景观丰富。它不仅是中国近代第一支海军的诞生地，也是甲午中日战争的爆发地，这座海岛上发生的故事，影响了近代中国。考虑到初中生的学情和能力，进行分学科学习比较有效，从一个角度展开深度学习，能够引导学生深入探究和理解政治历史人文，也能够确保学生在有限的学习时间内取得最优化的学习效果。

2. 纪录片拓展学习

对于初中生来讲，影像比文字更具有吸引力，同时，涉及刘公岛的纪录片资源也比较丰富，因此可以用纪录片进一步拓展学生的学习视野，激发学生探究的积极性。

3. 研学引领学习

刘公岛地域学习的最大特点和优势在于学生可以对学习对象进行实地调查，在此基础上明确学习的思路和方向。组织学生到中国甲午战争博物院、定远舰景区等进行实地考察，教师为学生布置学习任务单，驱动学生自主学习。

4. 成果展示

不同于以往的书面作业，项目化学习的作业是个性飞扬、精彩纷呈的。学生们各展所长，创意美工、设计方案、规则撰写……合作默契高效。除了作品展示，每个小组还要录制视频向全校同学介绍自己的作品。

5. 评价反馈

项目化学习评价的主动权掌握在学生手上，教师可以指导学生们从设计、表达、合作等维度来设计标准，形成比较全面而合理的评价标准。小组汇报后，评价者提交评价表，直接点评小组的优点并针对不足提出建议。

项目化学习通过小组合作探究，带动深层学习研究，从而实现跨学科综合能力素养的提升，实现学习、思维、表达多种能力的全面发展，培养学生的核心素养。

四、各学科学习任务单

政治学科刘公岛学习任务单

【学习目标】

1. 通过学习推荐书籍，了解刘公岛的历史，体会中国共产党及革命先辈为国家为人民的付出与不易。

2.通过查找资料,完成驱动性任务,探究刘公岛的由来、素材图形背后的深刻含义,激起好奇心,深入探索刘公岛背后的文化价值,树立明确的学习目标,为祖国的未来贡献自己的力量。

【驱动性任务】

(一)探索发现

1.借助网络查找,观察图3.12,说说这是船上的什么部件,它有什么作用和象征意义。

图3.12 刘公岛项目素材图(一)

2.一进刘公岛,你就会看见这样的一座雕像,请你担任解说员,向其他同学、老师介绍一下这座雕像(见图3.13)。(可以从它的构造、设计者、设计意图、意义角度解说)

图3.13 刘公岛项目素材图(二)

（二）领会体悟

1. 假设你是旅游公司的导游，准备设计一条针对爱国主题的刘公岛游览路线，你会怎样选择？请写出设计意图。

2. 刘公岛景区有一处"钓鱼岛主权展"，钓鱼岛是中国的，请调查资料，了解钓鱼岛的历史，并结合时政新闻进行说明。

3. 历史选择：请任选一个时间主题，结合当时的红色革命人物故事，谈谈你的感受。（民族复兴的早期探索、历尽艰苦卓绝斗争的中国共产党、万众一心迈向新中国、不负选择的历史答卷。）

（三）宣誓环节

铭记祖国历史，秉承先烈遗志；不忘青春初心，牢记历史使命。做忠诚的爱国者，自觉维护国家利益，促进民族团结，维护祖国统一，增强国防观念，以振兴中华为己任，做新时代有信仰的中国人！

【推荐书籍】

《漂泊刘公岛》鸿鸣/山东文艺出版社

《龙旗飘扬的舰队》姜鸣/生活·读书·新知三联书店

《甲午战争》陈舜臣/文化发展出版社

【可查阅资料】

纪录片《北洋海军兴亡史》《中日甲午战争》

历史资料：刘公岛，中国近代海军的源起之地，1888年北洋水师建军，中国第一支近代海军诞生于此；1894年甲午战争北洋水师兵败大东沟，次年，日军占领刘公岛，中国第一支近代海军覆灭于此。了解刘公岛，学习甲午中日战争的历史，学习中国近代史……

参考资料：

纪录片《甲午甲午》《甲午》《真实甲午》

中国甲午战争博物院

地理资料：威海有座美丽的海岛，这里风景优美、人杰地灵；这里被称为"东隅屏藩""不沉的战舰"和"海上仙山""世外桃源"，它就是刘公岛。刘公岛地理位置优越，是一座集自然风光和人文景观于一体的森林公园。让我们以地理学科的视角，一起走进刘公岛，综合评价地理位置的重要性，感知海岛的生态环境，树立和谐的人地观。

参考资料：视频《刘公岛的由来》《刘公岛宣传》

网络资源：刘公岛旅游攻略、刘公岛简介等

二进刘公岛:"刘公岛,我为你代言"跨学科项目化成果脚本

整体设计:仿照杨丽市长推介威海,制作一个刘公岛推介短视频,学生通过各学科项目化学习,最终形成显性成果——录制推介词,背景穿插相关照片、视频。

外景:

船甲板:合唱,全体统一服装、队形,面朝大海眺望远方,放声歌唱,(先近景后远景)歌曲唱一段,歌曲演唱由主唱给各种画面镜头慢慢变成歌曲为背景音乐。

刘公岛邓世昌雕像,镜头由邓世昌像的望远镜推向远方,切入战争场面,展现甲午海战的惨烈,画面逐渐变黑,再转亮。

跨越时空的对话(话剧—炮台,邓世昌和学生的对话开头)

邓世昌(拉住孩子,语气焦急):威海卫保住了吗?

孩子:保住了!

邓世昌:那我们还任人宰割吗?

孩子:不,现在的中国国富兵强,我们有着坚不可摧的海军舰队,构筑起了牢不可破的海防。

邓世昌:那我们的百姓能不能吃饱穿暖?

孩子:能!现在的中国河清海晏,人民安居乐业。

(停顿)

孩子:正是因为有了您的牺牲,才有了我们的平安和幸福。

邓世昌:不,不!不是的,孩子!不只是我,还有丁汝昌、左宝贵……还有北洋水师的所有浴血奋战的将士们和威海人民的支持!

孩子:我知道,爷爷,不仅仅是您,您和所有的战士们,我们永远都不会忘记。

邓世昌(长叹一口气):我真想回刘公岛看看,看看那个我和将士们曾经一起奋战过的地方。

孩子:爷爷,您看,现在的刘公岛是这样的!

学生旁白(部分用英语说,显示中英文字幕),配以视频、图片。

1. 所见——高颜值

刘公岛,像一条苍翠的巨龙,从容地横卧在威海港外海天相接的地方。Liugong Island, like a bright pearl embedded in Weihai Bay, Shandong Peninsula.(刘公岛,犹如一颗璀璨的明珠镶嵌在山东半岛威海湾内。)登岛远望,蓝

天碧海光影交映，浅蓝的天幕镶着金边，天外云卷云舒；海水清澈蔚蓝，海面波光粼粼，海风缱绻，浪花击岸。With beautiful natural scenery and dense vegetation，the island is the first national Marine forest park in China and is known as the "fairy mountain on the sea" and the "paradise of the world". (岛上自然风光优美，植被茂密，是我国第一个国家级海上森林公园，素有"海上仙山"和"世外桃源"的美誉。)这是刘公岛四季最温暖的底色。

刘公岛堪称一座"老建筑博物馆"。There are not only the ruins of the Warring States Period one thousand years ago，but also the famous sites of the Sino-Japanese War of 1894－1895，as well as many European-style buildings left over from the period of British lease. (既有上溯千年的战国遗址，又有名扬海内外的甲午战争遗址，还有英租借时期遗留下来的众多欧式建筑。)红顶青石、壁彩生辉的东方建筑和异国风情的欧式建筑，像一条将东方的内敛与西方的张扬交会在一起的纽带，它成了刘公岛特有的印记。

璀璨阳光下，碧绿树林间，亭台楼阁旁，小桥流水上……一幅幅美景，仿佛就是心中的诗和远方。

拍摄蓝天、碧海等相关景观图片、建筑图片、游客参观、学生进岛的游览图旁边观看地理位置等照片。

美术：海军公所，学生抚触公所廊柱书法对联的场景，学生一名，手拿书法册卷，镜头由近及远，拍摄公所门口全景，视频。

社团教室—美术—拍摄文创产品设计和剪纸作品创作，学生创作，重点特写展示。

2. 所闻——厚禀赋

刘公岛独特的地理环境构成一道立体的、流动的风景。There are many different kinds of tree species，wild flowers，plants，and birds in the island. The colorful lives make a colorful island. (岛上植被丰富，树叶葳蕤；春华秋实，色彩斑斓。)蜿蜒曲折的海岸线，长达 15 公里，在这里嬉戏漫步，海滩拾贝，你感受的是亲山近海的美好时光。Walking on the island，you can see cute pandas，sika deer from Taiwan and other rare animals，which add vitality for the island. (漫步岛上，憨态可掬的大熊猫、大眼睛扑闪扑闪的梅花鹿以及其他的珍稀物种，更是给小岛增添了一分生气。)

植被、海产品、动物、学生研讨照片。

美术：写生镜头特写，森林公园或草坪，学生六人，准备马克笔，摆拍写生，或坐或站，近景拉远景，视频。

国家森林公园石阶，合唱队歌唱镜头，全体统一服装、列队，歌唱加动作，近景拉远景，视频。

回望历史，小岛历经炮火硝烟，精英水师舰队被击沉于此，折戟沉沙。炮火染红了天空，勇士们的鲜血浸红了大海！从此刘公岛不再只一个岛，它成了甲午战争的终结之地，北洋海军的忠魂永驻于此。

3. 所感——深内涵

始于颜值，倾于禀赋，忠于内涵，百年来的文化沉淀让刘公岛分外夺目。2018 年 6 月 12 日，习近平总书记视察威海时登上刘公岛，参观了甲午战争博物院陈列馆、东泓炮台，作出"要警钟长鸣，铭记历史教训，13 亿多中国人要发愤图强"的重要指示。这里的碧波下有万千将士的忠魂，这里的晴空上回荡着长鸣的钟声。Liugong Island is a historical book from which we can know more and learn more. He who would know the way must know history. (这是一本鲜活的历史书，透过那些鲜活的人和事，历史被触碰、被读懂。欲知大道，必先知史。)墙壁上的每一个字，讲解中的每一句话，都洗涤着我们的思想与灵魂。游客们在一件件文物、一段段视频、一张张图片间，感受国与国的较量，感慨战争的残酷，与古人相通，与历史共情。There are a lot of things for our generation to do, but the most important thing is patriotic education. History is the best textbook. Remember history and cherish peace. (有很多的事情需要我们这一代人去做，但是，最重要的就是爱国主义教育。历史是最好的教科书。我们应铭记历史，珍视和平。)而生于斯，长于斯的环翠中学的少年们，更将深植于此，滋养民族精魂，坚定前进的力量。

甲午海战馆，学生为外国友人讲解甲午海战镜头，近景特写。

一名学生，两名外国人。

甲午战争陈列馆，学生在馆中临摹雕塑创作的场景，学生两名，摆拍临摹，近景，环绕拍摄，视频。

学校雷锋纪念馆合唱队学生接受红色教育，学生聆听雷锋志愿者讲解，近景、环绕拍摄，视频。

国歌、爱国三问墙，合唱队聆听讲解过程镜头，合唱队学生在三问墙前听老师讲解爱国三问墙的知识。近景、视频。

国帜主题公园，合唱队升旗镜头，合唱全体统一服装，面向国旗唱国歌行少先队礼，远景至学生近景交替、视频。

社团教室—美术，拍摄文创产品设计和剪纸作品创作，学生创作重点特写展示，近景特写，照片和视频。

社团教室—音乐，拍摄师生排练场景（合唱、器乐），教师指导学生排练特写展示近景特写，照片和视频。

音乐渐弱：《少年中国说》"少年自有少年狂，身似山河挺脊梁"部分。

学生群体朗诵（气势渐强）：故今日之责任，不在他人，而全在我少年。少年智则国智，少年富则国富，少年强则国强，少年独立则国独立，少年自由则国自由，少年进步则国进步，少年胜于欧洲则国胜于欧洲，少年雄于地球则国雄于地球。

（插入学生武术操，航拍全景及特写镜头体现精神面貌）

孩子：邓世昌爷爷，您看见了吗？现在的刘公岛物华天宝，现在的威海人杰地灵，现在的中国盛世繁华。

孩子：请您放心，您誓死保卫的领土，您竭力捍卫的尊严，将由我们来守护！

（结尾，学生在邓世昌雕像前，由邓世昌近景拉刘公岛远景拉威海远景）

学生群体朗诵：美哉我少年中国，与天不老！壮哉我中国少年，与国无疆！

音乐渐强：《少年中国说》"少年自有少年狂，心似骄阳万丈光"结尾部分。

（"你好，刘公岛"书法作品居中，其他作品环绕，全体学生挥手欢呼，镜头由近及远）

第三节 "后茶馆式"教学——学习过程循证化

后茶馆式教学遵循"以学定教"的理念,以学生的学习为线索,坚持以"议"为核心,强调学生与学生、学生与文本、学生与实验等的对话,教师可以在不同学科、不同学段、不同课型中灵活地应用读、练、议、讲、做等各种教学方法。

2021年,环翠中学被确立为国家教学成果"课程领导力"推广应用市级重点实验校。循着"深学细研—深悟融合—深耕迭代"的工作思路,将优质成果嫁接"多维对话式课堂"项目,为学校教育高质量发展赋能、增值。

我们坚持问题导向,聚焦学校"后茶馆式"视域下多元对话课堂的实践样本,梳理出教师理念不足、认识不到位、架构和开发能力不够、实操经验匮乏等问题。

基于上述问题,我们采用PDCA闭环管理,提供顶层架构,提供支撑行为必要的"脚手架";以系统化思维推进全员培训,为教师的理念迭代升级引路领航;研践结合,打通从知识教学到素养提升的通道,达到教师成长和理念有效落实、学生全面发展的多赢目的。

一、顶层设计、打造支架

理念在具体的实施中怎么落实?从学校层面首先进行顶层设计,为教师开展子项目研究提供可资借鉴的技术与方法。

(一)建构实施路径

融合上海市静安区"教学关键问题提炼与解决"流程,研发"问题剖析—主题突破—课例改进"技术路线:梳理问题,剖析成因,形成主题;制订计划,开展研究,总结经验,突破主题;最后,在多轮"备课—观课—研课—改课"中,汇总数据,形成科学证据,让研究落地课堂。

(二)研发实操工具

开发出各类可视化技术和评价规范。研发出系列实操工具,其中有任务呈现类工具,包括校本化的"循环实证"操作流程图,深度学习助学单等;可视化对话工具，包括大单元概念梳理图和内容整合导图，课堂流程等；评估类工具，包括量表、量规等，为教师开展循证教学提供思维脚手架。

(三)创生实证教研模式

融合静安区"循环实证教学"的方法策略，创新实施"课内循环""一人同课循环""多人同课循环"等实证教研模式(见图 3.14—图 3.16)。

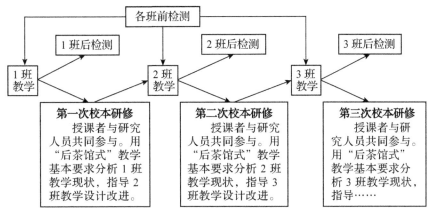

图 3.14　"一人同课循环实证"流程图

说明：教师在任教平行班进行一组"循环实证"之前完成前检测，前检测包含两点，一是一组综合性测试的数据，一是适切性强的问卷或者实验活动设计等。提前做好教学设计。1 班课堂教学时，所有研究人员（教研组其他教师、

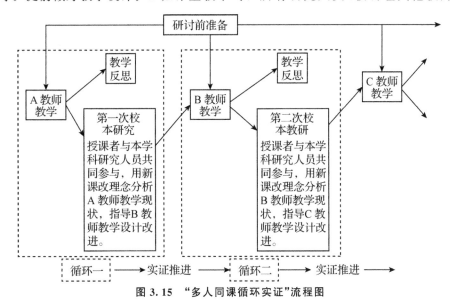

图 3.15　"多人同课循环实证"流程图

学校分管领导，也可以是另请的学科专家等）全部观课，课后进行后测，然后依据"后茶馆式"教学两大关键要素进行修改建议。2班进行授课……依次类推，积累前测、后测可视化工具及数据，撰写分析报告，形成个人案例。

说明："多人同课循环"即同备课组内围绕确定同一课题，进行一轮实证循环。第一位教师按照常规法上课，完成前后测。第二位教师改进教学设计，完成前后测。第三位教师继续改进教学设计，完成前后测。第四位教师继续改进教学设计，完成前后测。积累前测、后测可视化工具及数据，撰写分析报告，形成备课组案例。将"备课—听课—评课—重建—二次备课—听课—评课—重建—案例分析"，作为每一次教研活动的闭环机制。

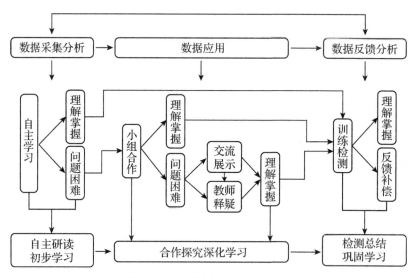

图 3.16 "课内循环实证"流程图

说明：这是一组在课内完成的循环实证。学生按导学案预习并完成自主学习后进行检测，教师批阅采集数据。依据数据梳理聚焦问题进行优化，组织学生合作探究解决问题，最后进行后测，通过数据反馈评价及时补偿。在这个过程中，教师通过课前、课中、课后数据反馈，聚焦学生的问题，针对主要目标、关键内容和学生实情组织教学活动，及时调整教学节奏。

(四)开发配套策略

成果对接最重要的是在本校原来研究的基础上融合创新。环翠中学的多维对话式课堂经过多年实践，构建了以概念统摄，以"概念引入（创设情境、问题驱动）—概念建构（前知对话、人本对话、生生对话、师生对话）—概念巩固（自我对话)—概念深化(情境对话)"为流程的课堂范式。立足实际，我们将"议议"融入前知对话、生生对话、师生对话等环节，建构策略不断优化。

前知对话环节，我们关注"议议"的精度。编写深度学习助学单，调研学情，为"议议"提供支架；设置前置性体验，增补前认知，为"议议"搭建桥梁。通过"议议"，教师可以精准地把握学情，确定学生最近发展区，规划教学和学习的起点。

生生对话环节，我们关注"议议"的深度和效度。首先加强合作学习，通过五大策略使对话指向问题解决。问题筛选策略，把学生带入富于创造性的学习情景；一分钟策略，保障对话组织的及时性；角色定位策略，使不同层次的学生都可以参与到小组讨论中来，尤其是新增加的"找碴儿者"角色，培养了学生敢于质疑的思维品质；有效倾听策略，达到让学生专心倾听的目的；互助开讲策略，以"讲出来""教别人"的方式，深化和巩固学习成果。其次是加强方法指导和规则制定，增强展示交流、点评质疑的有效性。比如"判断题型—解题方法—讲析原题—互动答疑—重申要点"的五步展示法，比如"评价态度要诚恳，不嘲笑攻击他人"等规则要求，确保了课堂对话的有效性。通过"议议"，学生大胆提出不同见解，形成对他人观点的理性认识，关注思维过程并不断比较融合，思维品质因此得以锻炼提升。

师生对话环节，我们关注"议议"的广度和宽度。"议议"不是告知，不是传统意义的知识传授，我们通过四大策略，关照教师的引领拓展，关照学生个性化、完整性声音的表达与呈现。适时介入策略，在对话不明时适时点拨、探究不出时适时引领、概念陌生时适时明示、解读曲误时适时指引；交互反馈策略，通过"是什么""为什么""怎样做""还有什么"的追问形成对应答的再反馈，形成对问题的再思考、再加工、再探究，达成对核心问题的融会贯通。认知冲突策略，以"设计矛盾事件—学生尝试解释—引起认知冲突—教师用科学概念进行理论解释—建立概念解决冲突—设置新情境，拓展应用"的流程，促进学生用习得的科学概念解决问题，强化概念；表现性评价嵌入策略，收集能评价学生的学习过程和结果的信息，评价学生学习目标的达成度，并将反馈的结果作为后续教学的依据，循环往复直至解决问题。通过"议议"，原本"看不见"的思维过程和方法得以清晰地呈现，从而提供了思维提升的支点。

二、研践结合、系统实践

(一)系统培训

理念是行动的先导。心有所信,方能行远。针对教师理念认识的不足,学校采用"我说你听—我做你看—你说我听—你做我看"的教练培训模式进行专题培训,从"后茶馆式"教学的缘起背景到为什么要进行"后茶馆式"循环实证教学,再到怎样进行"后茶馆式"循环实证教学,在全校层面进行学习培训,统一认识,依托实例引领,从实操层面提供了范式流程和配套策略,开启了子项目研究之旅(见图 3.17)。

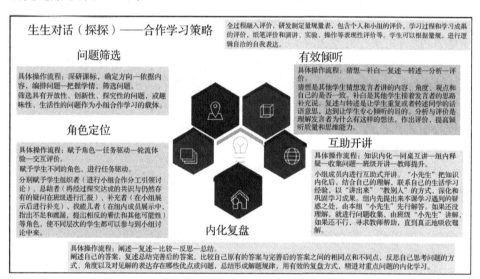

图 3.17 "后茶馆式"循环实证教学策略培训

(二)专业阅读

教师精读《"后茶馆式"教学的实践指导》《以学习者为中心的设计》《深度学习》《多元交互式教学评价》等书籍,按照"名师团队领读推介—教研组长分享交流—中层领导剖析指正—教师案例撰写评比—课堂大赛践行评估—业务校长复盘培训"的路径,躬身入局,快速融入问题并理解思考。

(三)主题教研

教师研究力是学校内涵发展的驱动力和增长点。以校长办公会为引领,倡导自上而下的研究之风。办公会的智慧领航、教研组长会的思维碰撞、教研组会的分享交流、集备时间的研讨提升，都不断促进"多元对话"教学理念的深入人心。学校成立领航工作室，主持人和工作室成员以经验提炼为切入点，围绕教学实践中的问题，以读书交流和案例实践的形式探索研究，每学期发布研究成果，对全体教师进行培训。

（四）全员实践

针对性练习对于系统实践非常重要。为此，我们进行了"多元对话"子项目的实践，关注学校顶层设计与教师具体落实的一致性，解决理念如何有效内化为教学行为的问题。在整体推进中，依托学校提出的流程和模板，启动全员实践，真正让子项目研究落实落地。从个人、备课组不同层面按照学校创生实证教研模式，进行了两个轮次的创生实证教研模式，在"备课—听课—评课—重建—二次备课—听课—评课—重建—案例分析"的闭环机制中，以对一个具体课例的反复研磨为起点，通过动态调整（课堂实践全过程的细节填充与调整）、反思再设计（基于备课组研讨优化后的再设计），将学校的顶层设计落地落实。

（五）循证改进

学习上海基于证据实施的循证教学，按照"提出问题—组织活动—寻找证据—反馈评价"的基本路径，我们针对青年教师、骨干教师进行多个轮次的课堂大赛，针对不同授课班级进行课堂观察和课后检测，从课堂参与和效果达成两个维度进行数据比较分析，探析教学行为和问题解决的因果逻辑，进一步改善子项目研究。

"后茶馆式"教学注重教学证据的采集，以实证促进教学行为的优化和改进，让学生成为教与学的主体。本案例重点开发了证据类型、来源、收集、分析与处理策略和可视化技术。

环翠中学"后茶馆式"教学

证据类型、来源、收集、分析与处理策略和可视化技术

基于证据的实践活动，一般遵循五个基本步骤：提出问题、查找证据、严格评价、恰当应用、后效评价。强调对证据的查找、评估和应用，一方面强调作为实践者的教师在备课过程中需要体现循证意识，以最佳证据指导课程的设计；另一方面意在引导其他教师、教研人员等在评课过程中基于观察和证据进行评价。

一、证据类型及来源

证据具有三大要素：第一要素为信度，也就是证据质量要高，必须是可靠有效、基于事实的，而不是凭空捏造的；第二要素为效度，也就是证据相关度要高，必须是与政策内容相关的，而不是信手拈来的；第三要素为可行性，也就是证据要适用于政策对象和政策情境之中，而不是生搬硬套进去。

证据分为三种：描述性证据、研究性证据、情境性证据。描述性证据是未经过处理、完全依照客观事实的单一证据；研究性证据是经过加工处理、分析研究得出的具有理论或数据支撑的双重证据；情境性证据是引入具体情境、强调客观知识与所处情境结合的多元证据。描述性证据和研究性证据最注重的是证据的信度和效度，情境性证据最注重的是证据的可行性（见图 3.18）。

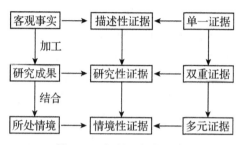

图 3.18　证据可视化分析

描述性证据是普遍选择的；由于教育的复杂性，有时需要进行调查研究或准实验研究甚至是随机控制试验，这时就要求选择研究性证据；同时，教育中一点点细微的情境差别就可能导致完全不同的效果，所以情境性证据显得尤为重要。对某一课例的研究，可以基于多种类型的证据，做好不同类型证据之间的协调和融合。

二、循环实证的收集与分析策略

环翠中学收集证据主要有以下途径：一是上级统一进行的质量检测，通过对统测后所收集的数据进行分析和解读，有效诊断各班教学存在的差距以及本班教学中薄弱的地方；二是随机听课后进行课后 5 分钟测试，通过对抽测的数据进行分析，了解本节课教学目标的达成情况以及教学中存在的问题；三是通过多次进入课堂听课、观察、谈话等活动，多角度地了解教学的现状，查找形成问题的原因，注重收集证据的客观性和科学性。

（一）收集策略

1. 试题命制策略。命制能够反映学生学科核心素养或学业测试的综合性试题，对学生的学习效果进行前测和后测。

2. 数据收集策略。以一次比较综合的学业测试作为学业成绩基础，且变换成标准分，分析数据，找到"后茶馆式"教学对学生学业水平的影响。

3. 问卷访谈策略。用问卷、访谈等形式积累与取得学业成绩有关的其他方面的情况，如对学习这门学科是否"感兴趣"，上课能表达自己见解的机会多吗，对学好这门学科是否有信心，等等。

4. 控制变量策略。设计一次实践操作，授课教师均为原任课教师，且教学内容相同，不同教师只改变教学设计。

5. 迭代循环策略。校内或备课组内不断进行研修，且每一次研修都有一次教学设计的改进，不断通过课堂教学验证教学设计的优劣。

（二）分析与处理策略

1. 议题驱动策略。教师对课前前测暴露出的相异构想进行归纳整理，选出代表性观点，以"议题"形式，创设相关情境，设置驱动性问题，在生本对话、生生对话、师生对话中澄清误区，获得新知。

2. 专题突破策略。对于课堂学习和矫正性学习中学生仍旧较为集中的问题，采用专题构建形式，注重情境的迁移运用、过程中的学生互讲互助、方法和思维的归纳提升等。

3. 支架嵌入策略。一是"三学任务单"连贯驱动，设计深度学习助学单，将"课时预学""课中导学""课后拓学"融为一体，连贯驱动，助力学生的自主学习；二是"三学"笔记梳理巩固，建立"预学笔记""课堂笔记""复习笔记"，帮助学生梳理知识结构，助力个人学习过程。

三、循环实证的可视化工具

（一）"四循三学"循证教学模式

环翠中学提出了"四循三学"循证教学模式。其中"四循"指寻找证据的四个阶段：循证准备、循证过程、循证教学、诊测循证；"三学"是循证过程、循证教学、诊测循证对应的三种学习：前置学习、课堂学习、矫正学习（见图 3.19）。

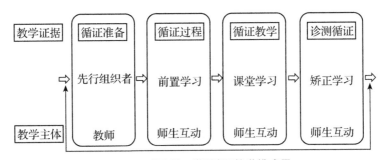

图 3.19　"四循三学"循证教学模式图

1. 循证准备——先行组织者的设计："证"有所依

循证准备的主要任务是准备教学证据的载体，使教学做到可证可循，这个载体主要是助学单和学习视频。助学单一般包括四部分：学习内容、学习目标、学习过程、学习检测。

可视化工具：深度学习助学单、学科微视频

2. 循证过程——前置学习：有"证"可循

循证过程包括两个环节：第一环节是学生进行前置性学习，第二环节是教师根据学生前置性学习情况进行教学设计。

（1）前置性学习

一是自主学习（读读），二是完成助学单。在循证教学活动中，教和学永远是统一的，学生的学习为教师的教学提供了最直接和最真实的证据。

（2）有证可循的教学设计

获取证据：教师对学生的助学单进行批阅，收集高频错题，了解学生的思维水平。

分析证据：学生学得好不好，都可以从助学单中找到蛛丝马迹，一般从四个维度对证据进行分析：知识点掌握、学习方法、文字表达、思维水平等。

评价证据：从证据的真实性、重要性和适用性进行评价。

应用证据：证据的应用主要体现在基于证据的教学设计，教学设计的学习材料大部分来源于学生前置学习中生成的材料。

可视化工具：前测问卷、前测活动设计。

3. 循证教学——课堂学习：依"证"施教

一节课的时间很短，教学内容必须直奔教学重难点，因此循证教学活动的主要任务是对学生前置性学习中出现的高频错误进行会诊，解决前置学习中存在的问题。教学过程包括课前热身、呈现学习总目标、分目标达成、布置作业等环节。

可视化工具：合作测评量表、课堂观测量表。

4. 诊测循证——矫正学习：多元监控

后测反馈。课堂结束以后，学生通过课堂后测，订正前置学习中的错题。如果没有问题了，就绘制思维导图，由组长进行批改。

"小先生"开讲："小先生"开讲指的是学生把一道题的解题思路、解题过程拍成视频，然后共享给同学，为需要的同学提供支持和帮助。"小先生"开讲有四种形式：轮讲、约讲、辩讲、接龙讲。符合陶行知的"小先生"制"即知即传人"的理念，营造了同伴互助互学氛围，使整个班集体形成了学习共同体，符合"学习金字塔"理论，即"教别人"可以记住 90% 的学习内容，讲给别人听有利于讲题人自身进步。

可视化工具：后测问卷、思维导图、后测习题、KWL 表格

（二）"循证医课"循证教研模式

"循证医课"基本方法和流程，一是循证——"基于目标、教学、评价一致性原则"，从目标和学业质量标准出发听课观课以及分析教学表现；二是医课——拿出对策，拿出可行的替代方案（到底应该怎样做）。

具体表达方式为：优点（案例）＋ 教学原理（理论依据）＋ 提炼为操作程式（策略）；问题（细节）＋ 错因分析（判断根据）＋ 有效的修改方案（建议）。

可视化工具：课堂观测量表、课堂范式流程

"后茶馆式"教学与环翠中学"对话式"课堂的深度融合，需要建构适切性强的配套策略，以校本化的课堂实施进行融创。下面的案例呈现的是"多元对话"配套策略。

案例：环翠中学"多元对话"配套策略

本着"学习者为中心"的理念，着眼于优化教师的教和学生的学，环翠中学以"多元对话"策略的探索与实践为核心，进行"后茶馆式"教学成果的创生。

"多元对话"策略具体运用于学中的"议议"环节，在经历了学前的相异构想暴露、学中的"读中思""做中学"等环节后，我们重点关注小组合作和教师点拨提升，提炼出生生对话、师生对话的有效策略。

一、生生对话

理念：生生对话体现"学习者为中心"的理念，指向问题解决的比较、分析、推理、归纳、质疑、论辩、评析、模拟等思维活动。

1. 问题筛选策略

问题筛选策略是指在教学过程中，教师根据教学内容的特点，精心筛选需要小组合作的"问题"，把具有开放性、创新性、探究性的问题，或趣味性、生活性的问题作为小组合作学习的载体。由于这些问题在书本上没有现成的答案，只有解决问题的目标指向，有层次性，学生必须通过一定的努力才能解决。可以是热点性材料或是情境化背景，把学生带入一种崭新的、富于创造性的学习情景中，激发强烈的求知欲和学习兴趣。

具体操作流程：深研课标，确定方向—依据内容，编排问题—把握学情，筛选问题。

2. 角色定位策略

角色定位策略是指在小组合作中赋予学生不同的角色，进行任务驱动，分别赋予学生组织者（负责小组合作分工引领讨论）、总结者（将经过探究达成的共识与仍然存有的疑问在班级进行汇报）、补充者（在小组展示后进行补充）、找碴儿者(在组内成员展示中，指出不足和疏漏，提出相反的看法和其他可能性)等角色，使不同层次的学生都可以参与到小组讨论中来，并且胜任不同的工作任务，积极开展"头脑风暴"。

具体操作流程：赋予角色—任务驱动—轮流体验—交互评价。

3. 有效倾听策略

有效倾听策略是指以猜想与补白、复述与转述、分析与评价为具体手段，提升学生倾听能力。猜想是其他学生猜想发言者讲的内容、角度以及观点和自己的是否一致。补白是其他学生接着发言者的思路补充说。复述与转述是让学生重复或者转述同学的话语意思，达到让学生专心倾听的目的。分析与评价是理解发言者为什么有这样的想法，作出评价，提高倾听质量和思维能力。

具体操作流程：猜想—补白—复述—转述—分析—评价。

4. 互助开讲策略

互助开讲策略是指依托环翠中学"小先生"开讲的特色，充分体现学生的主体性地位，在小组成员内进行互助式开讲。"小先生"把知识内化后，结合自己的理解，联系自己的生活学习经验，以讲出来、教别人的方式，深化和巩固学习成果。组内先提出来本课学习遇到的疑惑之处，由本组小先生先行解答。如果还没理解，就进行问题收集，由班级"小先生"讲解，如果还不行，再寻求教师帮助，直到真正吸收理解。

具体操作流程：知识内化—同桌互讲—组内释疑—收集问题—班级开讲—教师提升。

5. 内化复盘策略

内化复盘策略是指通过复盘不断地发现问题、聚焦问题、解决问题，把外在的知识(主要是信息)转化为内在思维的一部分。借助 KWL 表格升级版进行。具体操作流程为五步对话法：阐述自己的答案，复述总结完善后的答案，比较自己原有的答案与完善后的答案之间的相同点和不同点，反思自己思考问题的方式、角度以及对见解的表达存在哪些优点或问题，总结形成解题规律，用有效的复盘方式，精进对重点问题的内化学习，走向可见的学习和深度的理解。

具体操作流程：阐述—复述—比较—反思—总结。

在角色定位、有效倾听、互助开讲、内化复盘的全过程中融入评价，研发制定量规量表，包含个人和小组的评价，学习过程和学习成果的评价，纸笔评价和演讲、实验、操作等表现性评价等。学生可以根据量规量表，进行逻辑自洽的自我表达。

二、师生对话

理念：师生对话不是告知，不是传统意义上的知识传授，而是以育人为根基，站在学生的立场聆听并接纳他们的需求，关照他们个性化、完整性声音的表达与呈现，关注高阶思维培养和核心素养提升。

1. 思维支架策略

思维的提升需要空间和支架。思维支架策略是指通过搭建支架，清晰地还原再现思维过程，并对其进行逻辑建构，让思维可视化。具体通过使用问题串、真实情境创建、思维导图、图表等支架，把看不见的思维过程和方法清晰地呈现出来，提供思维向上攀爬、获得提升的支点。

具体操作流程：设计问题串—真实情境创建—思维导图构建—图表呈现。

2. 适时介入策略

适时介入策略是指教师通过适时地介入并扣住学生思维发展的脉搏，在对话不明时适时点拨，探究不出时适时引领，概念陌生时适时明示，解读曲误时适时指引。以补白式介入、评价式介入、归纳式介入、延伸式介入等四种方式介入。

具体操作流程：适时追问、开拓思路—揭示矛盾、引发思考—引而不答、思维延伸。

3. 交互反馈策略

交互反馈策略是指论证式、磋商式对话，不是诊断学习结果后旁观式的矫正反馈，而是问题解决过程中的发现反馈。教师要充分运用交互反馈策略。通过是什么、为什么、怎样做、还有什么的追问形成对应答的再反馈，形成对问题的再思考、再加工、再探究，达成对核心问题的融会贯通。精心设计展演反馈工具，瞄准目标，让学生最大限度地暴露自己的思维，反馈针对性的任务本身。

具体操作流程：优质问题—应答、展示、演示—再反馈—补充(内容再丰富)、纠正(依据再追寻)、质疑(问题再思考)—拓新(思路再拓展)—提升(过程再论证)

4. 认知冲突策略

认知冲突是一个"破"和"立"的过程。认知冲突策略是指教师利用学生认知的差异性，设计高阶问题，构建认知冲突。认知冲突策略包括三个阶段：设计矛盾事件，让学生尝试解释，以此引起认知冲突；教师用科学概念进行理论解释，建立概念，解决冲突；设置多种新情境，拓展应用，让学生用刚习得的科学概念解决问题，强化概念。

具体操作流程：设计矛盾事件—学生尝试解释—引起认知冲突—教师用科学概念进行理论解释—建立概念解决冲突—设置新情境，拓展应用—用习得的科学概念解决问题，强化概念。

在师生对话的全过程中，实施表现性评价嵌入策略，将真实情境下的驱动性问题作为表现性任务，在学生完成任务的过程中，教师通过评价量规对学生的语言表达进行评价，收集能评价学生的学习过程和结果的信息，评价学生学习目标的达成度，并将反馈的结果作为后续教学的依据，循环往复至解决问题。

案例：历史组"后茶馆式"教学策略

【概要】在对话策略的校本化基础上，各学科进行优化，体现学科特点，更加注重实效性。本案例通过呈现历史学科组的对话策略，体现学科层面的研究实践成果。

一、创设情境，引入概念（导入）

时政热点创设情境激趣引智策略：选取与所学内容相关的时政热点创设问题情境，设置驱动性问题，构建起历史与现实之间的关联，引导学生从熟悉的时政入手，激发探究历史的兴趣和欲望，引入对新知的学习。

二、任务单助学，构建概念（前知对话，见表 3.17）

表 3.17　历史学科前测评估量表

评估项	学情
你了解本课要学习的历史事件吗？	
你是通过何种方式了解的？	
简单陈述对该历史事件的了解。	
针对该历史事件你有何疑惑和想要进一步了解的内容？	

任务单前测暴露相异构想策略：设计三学单，利用"课前预学"环节调查反馈学生对要学习的知识的了解和认知程度，暴露出学生已经明确的和仍然不明确的，甚至认知错误之处，为课堂教学提供参考和依据。

三、史料解读，形成概念（人本对话）

搭建学习支架辅助学习策略：(1)三学单中"课中导学"呈现课堂完整流程

和学习任务，引导学生进行自主学习；（2）史料解读：通过教材和教师提供的多样化史料，引导学生对概念进行深度理解；（3）知识点标记：在教材中对重要知识进行标记和整理。上述策略重点突破学生的相异构想，形成正确的概念。

四、多元对话，深化概念（生生对话、师生对话见表 3.18、表 3.19）

表 3.18　生生对话测评标准表

测评项	表现		
	A	B	C
主题	能够紧紧围绕探究主题，深度探究。	能够围绕主题。	探究偏离主题。
分工	分工明确，使不同层次的学生都可以参与到小组讨论中。	有分工和角色定位。	分工不明确。
倾听	认真倾听和记录，补充发言有思维。	认真倾听并记录。	倾听不认真。
内化	阐述自己的答案，复述总结完善后的答案，比较自己原有的答案与完善后的答案之间的相同点和不同点。	阐述自己的答案，复述总结完善后的答案。	无法准确复述总结完善后的答案。

表 3.19　师生对话测评标准表

测评项	表现		
	A	B	C
解决问题	能够在教师介入后形成解决问题的正确方法。	能够理解运用教师讲解的方法。	无法理解教师讲解的内容。
师生关系	课堂氛围融洽，师生互动频繁高效。	师生互动合理有效。	师生有互动。

生生对话/探探——小组合作探究思维碰撞学习策略：设置能够引发学生认知冲突的问题进行合作探究；小组成员进行合理分工，使不同层次的学生都

可以参与小组讨论中来；每位成员都要发言表述自己对问题的理解和看法，进行有价值的争鸣，使思维碰撞，同时对疑惑之处先进行组内解决，组内互助式开讲；"小先生"把知识内化后，结合自己的理解，联系自己的生活学习经验，以讲出来、教别人的方式，深化和巩固学习成果。组内先提出来本课学习遇到的疑惑之处，由本组"小先生"先行解答。如果还没理解，就进行问题收集，由班级"小先生"讲解，如果还不行，寻求教师帮助，直到真正地吸收理解。

师生对话/议议——问题解决策略：在学生读读、探探等学习环节中，教师都需要适时介入和跟进，及时给予学生点拨和引导，确保学生的学习过程始终有效和高效；对于学生在小组探探中没有解决的问题，教师适时追问、开拓思路—揭示矛盾、引发思考—引而不答、延伸思维，在师生的交互反馈中解决问题。

五、梳理体系，完善概念（自我对话）

构建知识体系策略：学生通过绘制知识体系完善所学概念，将思维可视化呈现出来。

内化复盘策略：反思自己思考问题的方式、角度以及对见解的表达存在哪些优点或问题，总结形成解题规律，用有效的复盘方式，精进对重点问题的内化学习。

六、新创设情境，运用概念（情境对话）

习题训练策略：在三学单的"课后拓学"设置练习题，考查学生对所学概念的掌握和理解。

新情境创设策略：创设新的问题情境，引导学生在解决复杂问题中对知识进行迁移和运用。

第四节　作业精准设计——学习功能显性化

作业不仅是反馈学习成效、达成教学目标的重要途径，也是师生心灵沟通、达成情感和谐的关键桥梁，更是促进学校内涵发展的重要支点。在"双减"背景下，作业在学校层面需要做好"加减乘除"，加的是老师的作业设计研究和学校的教育教学质量，减的是学生过重的课业负担和精神压力，乘的是乘着改革契机全面提升学校教育内涵和底蕴，除的是去除家长对教育的普遍焦虑。在上述背景下，环翠中学开展了序列化、迭代升级的作业教学设计研究，着力构建学校整体作业设计体系，为学生成长赋能。

一、提升理念，整体构建

在核心素养视角下重新审视设计的作业，可以落实立德树人、"五育"并举的根本任务，实现学校的育人目标、促进教师专业发展、提高教育教学质量，培养学生正确的价值观、必备品格和关键能力、促进学生的全面发展。

基于上述思考，环翠中学从整体上对作业教学进行领导、组织和重构，成立领航工作室，在名师的带领下率先进行从理念到实践层面的研究。在推进过程中，学校组织各个层面的推广应用活动，并以学科为单位构建学科作业体系，形成实施方案。

从学校层面到领航工作室，再到具体学科层面，这样的三级架构促进了工作的扎实推进，形成了如下作业设计理念：坚持育人为本，始终把服务于学生的终身发展作为第一要务；凸显素养导向，将作业作为培育学生核心素养的重要途径；基于课程标准，在深入研究课标的前提下进行作业设计；实现教学评一致，让作业成为检验教学目标达成度的重要指标；体现大单元意识，更加注重作业设计的统整性和关联性；"五育"并举，丰富内涵，让作业设计有味、有料、有情、有意，启发学生的长远发展；因材施教，体现选择，促进学生多元而有个性地发展。

二、开展研究，单元突破

发现问题，往往意味着事情已经完成了一半。

根据前期的调查访谈，我们发现作业实施中普遍存在以下问题：作业布置随意性大；过度依赖教辅资料；数量失控且难度超标；评价方式单一；单科作业规定机械而学科间统筹不足。

结合环翠中学重点研究的大单元教学，我们将第一阶段研究方向确定为单元作业设计(见表 3.20)。

为了促进单元作业设计，我们开展了全员阅读分享、领航工作示范、领导团队推进、专家理念引领等系列活动。

在系列活动的促进下，我们总结形成单元作业设计流程和质量评价表，在整体把握学段和学科单元的基础上，设计流程从作业目标设计、习题选择、习题组织、形成作业四个环节进行系统思考，从中观层面把握作业体系的构建，有效体现作业的整体性、关联性、衔接性。

单元作业设计质量评价综合考虑 8 个维度：育人为本、目标一致、设计科学、类型多样、难度适宜、时间合适、体现选择、结构合理，从而落实作业设计的理念。

表 3.20　单元结构化作业整体设计表

年级：　　　　　　　单元：　　　　　　　设计者：

单元主题		
单元作业目标		
项目	进阶作业：从单元主题目标出发，按照一定结构与思维进阶系统设计、统筹安排。	作业支架：资源、路径、要求、提示或评分标准。
单元前置作业		

续表

单元课时作业（课前与课后）	第一课时		
	第二课时		
	第三课时		
	……		
单元长程或项目式作业（可选）			
单元综评或分层评价作业（终结成果或单元测试）			

作业设计中起统领作用的是目标设计（见图 3.20）。单元作业目标的设计应该综合育人目标、课程标准、教学目标达成度和学生差异等因素进行整体设计，是一个动态的过程。

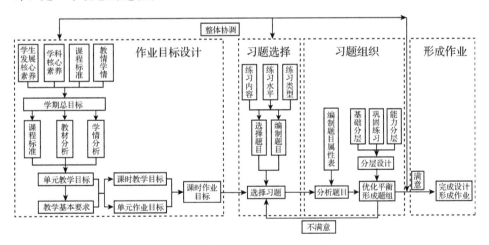

图 3.20　单元作业设计流程图

在单元作业目标设计的基础上，对课时作业目标进行细化、具体化。采用的基本路径是依托于课时教学目标和单元作业目标，叙写暂时性作业目标；通过详细分析教学内容和学生学习情况，对暂时性作业目标进行判断筛选；筛选后形成精准作业目标，依托于测量学、心理学等实证性检验形成符合要求的课时作业目标。

在课时作业目标确定后，根据教情和学情进行作业设计（见图3.21）。一是依据单元和课时作业目标，充分体现作业设计的递进性、适切性；二是优化作业的难度、时间，避免课时与单元作业的简单重复；三是考虑作业类型问题，在单元整体设计的基础上，综合考虑使其具有可解释性。

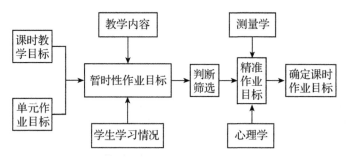

图3.21 课时作业目标设计流程图

基于上述思考，环翠中学作业教学有了系统的流程保障，进行了序列设计，形成了科学的单元作业设计范式。各学科在此基础上进行有益创新，形成具有学科特点的设计模式，如语文的精读整合、英语的阅读提升等。

作业设计的有效开展还需要作业资源的支持，环翠中学依据目标一致性研究成果，进行了校本作业资源建设。基本路径是根据作业目标设计进行作业题的编制、组织，从作业目标、内容、类型、难度、情境、时间等进行整体组织，确定作业内容，在实际应用中进一步优化形成作业资源。

经过第一阶段的研究，单元作业设计取得明显效果。学生作业负担减轻，机械性、重复性、随意性作业明显减少；教师作业设计能力增强，作业有效性明显提高；学校作业体系构建初见成效，初步实现了减负增效的目标。

三、问题导向，育人为本

"志行万里者，不中道而辍足。"作业设计第一阶段的研究更多是从教师层面、学科视角进行变革，关注的依然是教什么、怎么教、教得怎么样，缺少学生层面、育人视角的实践。

第二阶段的作业体系研究要以问题为导向，通过分层作业满足不同学生、不同阶段的学习需要；通过"'小先生'开讲"促进学生自我反思、自主学习、自我提升；通过长作业实现"五育"并举，培养学生解决问题的能力。

1. 实施分层作业，促进全体学生发展

基于深度学习的作业批改和分析诊断，为教师分层作业设计提供了充分的依据。分层作业的设计不仅能提高作业的可选择性，还可以增强学生对作业的兴趣，满足不同学生、不同阶段的发展需求。分层作业要综合考虑作业内容、数量、难度、完成方式、评价、反馈等多个维度。为了更好地实现分层作业的功能，我们采用多种方式进行分层：一是内容分层，一份试题设计基础、巩固、提升等层次不同的内容，便于选择；二是知识难度分层，相同知识在条件设置方面逐层深入，搭建"脚手架"，在递进式的学习中促进学生思维的发展。

分层作业的评价我们采取多种方式进行：一是教师利用课后服务时间进行面批、面改、个别辅导的方式；二是借助线上功能，通过学生上传分层作业，教师进行个性化的批改和交流；三是不同层次的学生之间互相评价，在互相帮助中实现全面提高。分层作业的实施有效解决了优生吃不饱、边缘生吃不了的问题，学生在自主选择作业的同时提高了兴趣，促进了自我管理。

2. 发挥作业的自主功能，提升作业育人效果

作业本质上是学生的自主学习活动，要给学生足够的时间和空间，让学生自主归纳并形成自己的学习方法和思想。基于"教授他人式"主动学习效果最优的理论，环翠中学积极采用"'小先生'开讲"的学习方式，基于精准定位、形式多样、全面提升的原则，从多个维度开展"'小先生'开讲"活动：一是内容上开展专题或专项式的全员讲、单元易错点和薄弱点自主讲、单元思维导图梳理个性讲、学科方法指导特色讲；二是时间上开展课间互助讲、课中小组合作讲、课后展示交流讲；三是人员上开展优生方法引领讲、边缘生自我提升讲、潜力生典型例题讲等形式。

"'小先生'开讲"是给学生搭建展示自我的平台，需要在不同的平台中评价开讲效果：一是班级开讲，学生自评、互评，选出优秀"小先生"；二是级部开讲，教师评价，形成优秀案例示范；三是全校开讲，学生展示优秀学习方法和经验。通过多主体、多维度的评价活动，有效促进学生自我反思和自主学习能力的螺旋式提升。

3. 开展长作业设计，丰富育人内涵

好的作业要兼具巩固知识、发展能力、培养素养的功能。基于上述思考，环翠中学遵循"难度递进，能力递进"的设计原则开展长作业设计，包括梳理类、实践类、探究类等形式。

梳理类作业从一个单元或更长的知识单位出发，通过系统思考形成思维导

图，进行知识梳理，培养学生学科核心素养。学生在完成梳理类作业时不仅要从知识角度思考内在的联系，而且要合理安排框架，进行适当修饰，促进审美情趣的提升，实现美育目的。

实践类作业从真实情境出发，在长任务的驱动下，实现跨学科、项目化、合作式学习，实现美育、体育、劳动教育的全面发展。比如，生物的"鱼菜共生"实践活动、地理的野外研学考察、体育的球类专长特色活动等，都让学生不仅在真实情境中运用知识解决问题，而且培养出参与劳动、热爱自然、与人合作、美好生活的意识与能力。

探究类作业紧扣关键能力，以自主探究为路径，形成深度学习新样态，切实提高学生分析、解决问题的能力。比如物理、化学的系列化家庭探究小实验，学生在动手操作中观察现象、分析问题，实现深度学习。

上述长作业的评价，从自评、生评、师评、家长评等多个维度进行，促进长作业效果的有效提升。

小切口解决大问题。作业教学不仅是一张蓝图，更是一段旅程。环翠中学将坚持育人为本，努力优化作业体系，把学生培养成真正的问题解决者、心灵温暖者、责任担当者、幸福生活者。

课时作业案例

课时作业的设计要符合课程标准的要求，体现教材内容的设计，承接单元作业的整体脉络。在设计的标准上需要兼顾解释性、科学性、作业难度、作业时间、选择性、多样性和结构性等要求。本案例以鲁教版初四化学第一单元《溶液》的第一课时为例，介绍课时作业设计的基本思路。

鲁教版初四化学第一单元《溶液》第一课时

一、单元教学目标

1. 知道溶液的特征、组成、饱和与不饱和溶液、溶解度和溶质的质量分数的概念。

2. 理解溶解度曲线的意义。

3. 掌握溶液经转变后原溶液中各个量（溶质、溶剂、溶质的质量分数、溶解度）变化情况的定性判断方法。

4. 通过练习掌握利用溶液相关知识解决实际问题的方法。

二、单元知识结构(见图 3.22)

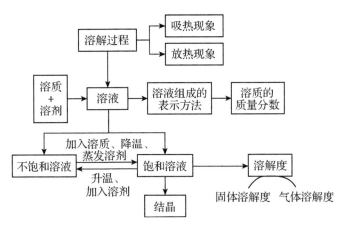

图 3.22　鲁教版初四化学第一单元知识结构图

三、具体课时作业设计

第一节　溶液的形成

作业目标：

1. 认识溶解现象，知道溶液、溶质、溶剂等概念。

2. 认识溶液的基本特征是均一性和稳定性，了解溶液在生产、生活中的重要作用。

3. 探究几种物质在水中溶解时溶液温度的变化。

4. 知道一些常见的乳化现象。

课时 1：溶解的过程

知识点 1：溶液的定义与组成

溶液是指一种或几种物质里，形成的____的____。其中，被溶解的物质叫作____，能溶解其他物质的物质叫作____。因此，从组成上看，溶液是由____和____组成的。____溶解在____中形成溶液。

知识点 2：溶液的命名

若溶质是 A，溶剂是 B，则可把溶液命名为：A 的 B 溶液；若溶剂 B 是水时，水可省略，可命名为 A 溶液。

例如：食盐溶于水后，形成食盐的水溶液(简称食盐溶液)。

练习：请你写出下列溶液中的溶质和溶剂(见表 3.21)。

表 3.21　溶液中的溶质和溶剂

溶　液	溶　质	溶　剂	溶　液	溶　质	溶　剂
蔗糖溶液			稀盐酸溶液		
氯化钠溶液			稀硫酸溶液		
高锰酸钾溶液			澄清石灰水		
碘溶于汽油中			医用酒精		
油脂溶解于汽油中			碘酒溶液		
白磷的二硫化碳溶液			$FeCl_2$ 溶液		

总结：溶液由溶质和溶剂两部分组成。那么区分一种溶液中溶质和溶剂的一般规律有哪些？

溶质可以是固体，也可以是 _____ 或 _____。一般是固体、气体溶于液体时，_____、_____ 是溶质，_____ 是溶剂；两种液体互相溶解时，一般把量多的一种叫作 _____，量少的一种叫作 _____。如果其中有一种是水，一般把 _____ 叫作溶剂。

知识点 3：溶液、溶质和溶剂间的质量关系

思考：从质量上看，溶液的质量 _____ 溶质和溶剂的质量之和。溶液的体积 _____ 溶质和溶剂的体积之和。若将 50g 碳酸钠粉末溶于 40g 水中，充分溶解后还剩余 6g 碳酸钠没有溶解，则此时所形成的溶液中，溶质的质量为 _____g，溶剂质量为 _____g，溶液质量为 _____g。

1. 向下列物质中分别加入适量水，充分搅拌，不能得到溶液的是（　　）

A. 硝酸钾　　　　B. 蔗糖　　　　C. 花生油　　　　D. 酒精

2. 溶液在我们生活中有着广泛的用途。下列物质不属于溶液的是（　　）

A. 碘酒　　　　B. 食醋　　　　C. 生理盐水　　　　D. 牛奶

3. 溶液、悬浊液、乳浊液都是（　　）

A. 均一、稳定的　　　　　　　　B. 久置不分层的

C. 无色、透明的　　　　　　　　D. 混合物

4. 在工农业生产中，许多化学反应都要在溶液中进行的主要原因是（　　）

A. 便于观察现象

B. 溶液间的反应不需加热

C. 水是反应的催化剂

D. 溶液中分子或离子接触充分，反应速率快

5. 向如图 3.23 装置的试管中加入某种物质后，U 形管左边支管的红墨水液面降低，右边支管的红墨水液面上升，则加入的物质是(　　)

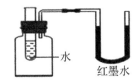

图 3.23　题 5 图

A. 硝酸铵　　　　　　B. 氯化钠　　　　　　C. 氢氧化钠　　　　　D. 冰块

6. 下列说法正确的是(　　)

A. 硫酸铜溶液中，铜是溶质，硫酸是溶剂

B. 泥浆水中，泥是溶质，水是溶剂

C. 含酒精 75% 的医用酒精中，酒精是溶质

D. 高温下的铁水中，铁是溶质

7. 溶液在日常生活中应用广泛。下列对溶液的有关说法正确的是(　　)

A. 均一、稳定的液体一定是溶液

B. 溶液中只能有一种溶质

C. 溶液中的溶质只能是固体和液体

D. 溶液中各部分性质相同

8. 下列有关溶液的说法中，正确的是(　　)

A. 溶液都是无色的

B. 将 NaCl 放入植物油中搅拌，能形成溶液

C. 将 40% 的 NaOH 溶液均分成两份，每份溶液的溶质质量分数都为 20%

D. 溶液是稳定的混合物

9. 请举出符合下列要求的溶液。

(1)溶质是固体，溶剂是液体 ＿＿＿＿＿＿；(2)溶质是液体，溶剂是液体 ＿＿＿＿＿；(3)有颜色的溶液 ＿＿＿＿＿；(4)溶质由分子构成的溶液 ＿＿＿＿；(5)溶质由离子构成的溶液 ＿＿＿＿＿＿＿＿＿＿＿＿＿＿＿；(6)溶剂不是水的溶液 ＿＿＿＿＿。

课时 2：乳化现象

知识点 4：乳化现象

1. 乳浊液：＿＿＿＿分散到液体里形成的＿＿＿＿、＿＿＿＿的混合物。例如：水和油混合、牛奶、油漆。

2. 洗涤剂有_____功能，它能使植物油分散成无数细小的液滴，使之均匀悬浮在水中形成_____液，该现象又称为_____现象，在生活及生产中有广泛的应用。

3. 问：洗涤剂和汽油除去油污的原理分别是什么？

汽油能洗去衣服上的油污，这是由于汽油能_____油污，形成_____。用加了洗涤剂的水也能洗去油污，这是由于洗涤剂能_____油污，形成_____。两者去污的原理_____（填"相同"或"不同"）。

知识点 5：物质溶解时的吸热和放热现象

氢氧化钠固体溶于水要放热，硝酸铵溶于水要吸热，食盐溶于水温度基本不变。

1. 洗涤在生产、生活中不可缺少。下列洗涤方法中利用了乳化原理的是（   ）

A. 用汽油洗去手上的油污　　　B. 用洗洁精洗去餐具上的油污

C. 用酒精洗去试管中的碘　　　D. 用自来水冲洗手上的泥土

2. 洗涤剂能够除去油污的原因是（   ）

A. 在洗涤剂的作用下，使油污发生化学反应生成其他物质而溶于水

B. 油污溶解在洗涤剂中形成溶液，从而除去

C. 洗涤剂使油污蒸发变成气体，从而除去

D. 洗涤剂使油污分散成细小的液滴，随水流走

课时 3：饱和溶液与不饱和溶液

知识点 6：饱和溶液与不饱和溶液

1. 饱和溶液：在一定_____下，在一定量的_____里，_____再溶解某种_____的溶液，就是该溶质的饱和溶液。不饱和溶液：在一定_____下，在一定量的_____里，_____再溶解某种_____的溶液，叫作这种溶质的不饱和溶液。

2. 不饱和溶液转化成饱和溶液的方法_____。

饱和溶液转化为不饱和溶液的方法_____。

知识点 7：浓溶液与稀溶液。

1. 在其他条件不变的情况下，将某物质的不饱和溶液变为饱和溶液，最可靠的方法是（   ）

A. 升高温度　　　B. 加入溶质　　　C. 降低温度　　　D. 倒出溶剂

2. 室温下，无法区分硝酸钾饱和溶液和不饱和溶液的操作是（   ）

A. 降低温度　　　　　　　　　B. 加一定量的水

C. 加入少量硝酸钾晶体　　　　D. 室温时，蒸发一定量水

3. 室温下，将盛有接近饱和的硝酸钾溶液的小烧杯放在盛水的大烧杯中

（如图 3.24），欲使硝酸钾溶液变为饱和溶液，可向大烧杯中加入的固体物质是（　　）

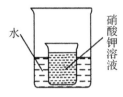

图 3.24　题 3 图

A. 蔗糖 　　　　B. 氯化钠 　　　　C. 硝酸铵 　　　　D. 氢氧化钠

4. 有关饱和溶液下列叙述正确的是（　　）

A. 在饱和溶液里再加入任何物质都不能溶解

B. 温度不变时，某饱和溶液中再加入这种溶质，溶液的质量不变

C. 20℃时，向 100g 氯化钠饱和溶液中加入 10 g 氯化钠，溶液的质量是 110 g

D. 20℃时，从 100g 氯化钠的饱和溶液中取出 5g，剩下的 95 g 溶液变成不饱和溶液

5. 已经除去了泥沙的食盐中，还含有一些对人体健康不利的物质，如氯化钙、氯化镁等杂质。工业上常把粗盐晶体粉碎后用饱和食盐水反复冲洗，再滤出食盐，来达到精制的目的。这种方法操作简便，不消耗能源。对此下列有关说法正确的是（　　）

A. 冲洗前后，被冲洗的食盐中氯化镁的含量不变

B. 冲洗前后，食盐水中氯化钠的质量不变

C. 冲洗用的饱和食盐水可以无限次地使用下去

D. 粗盐粉碎的颗粒大小不会影响冲洗后盐中氯化镁的含量

6. 请根据题意，选择下列词语填空：饱和、不饱和、浓、稀、多、少、一定、不一定。

已知：20℃时，100g 水中最多溶解食盐和熟石灰的质量分别为 36g 和 0.17g，现有甲、乙两只烧杯各盛 50g 水，分别进行如下实验：

（1）在甲烧杯中加入15g食盐，充分搅拌后，得到溶液甲，则甲为_____溶液。由于此溶液中溶质含量较_____，所以属于_____溶液。

（2）在乙烧杯中加入 0.1g 熟石灰，充分搅拌后得到浑浊的液体，过滤得到溶液乙，则乙为_____溶液。由于此溶液中溶质含量较_____，所以属于_____溶液。

由实验可知，对于不同溶质来说，浓溶液_____是饱和溶液，稀溶液

_____是不饱和溶液。

单元作业案例

【概要】单元作业是以提高学生的学习兴趣和素养为目的，通过打破学科内容、章节之间的界限，以教学单元为单位，结合教材单元编写的作业形式。本案例以《身边的化学物质》专题——（二）水与常见的溶液（鲁教版九年级一单元）为例进行说明。

《身边的化学物质》（二）水与常见的溶液专题作业设计

一、课程标准

1. 认识水的组成，知道纯水与天然水（自来水）、硬水与软水等的区别。

2. 了解吸附、沉降、过滤和蒸馏等净化水的常用方法。

3. 认识溶解现象，知道水是最重要的溶剂，酒精、汽油等也是常见的溶剂。

4. 知道水溶液中溶质是以分子或离子存在的。

5. 了解饱和溶液和溶解度的含义。

6. 能进行溶质质量分数的简单计算。

7. 初步学会配制一定溶质质量分数的溶液。

8. 知道结晶现象。

9. 能说出一些常见的乳化现象。

10. 了解溶液在生产、生活中的重要意义。

活动与探究建议：

1. 根据实验现象推断水的组成。

2. 了解或实地调查饮用水源的质量和水净化处理的方法；试验活性炭和明矾等净水剂的净水作用。

3. 观察在水中加入少量盐后凝固点和沸点的变化。

4. 利用溶解性表或溶解度曲线，查阅有关物质的溶解性或溶解度；依据给定的数据绘制溶解度曲线。

5. 实验：比较氯化钠、硝酸铵、氢氧化钠三种物质在水中溶解时的放热（或吸热）现象。

6. 观察生产、生活中的乳化现象。

7. 配制某种无土栽培所需的无机盐营养液。

二、单元教材分析

本单元内容从表面上看好像是一个独立的单元知识体系，但究其实质它应该是其他单元知识的传承和延续。例如：本单元的重要溶剂——水，是初三第二单元研究的主要内容之一；物质溶解于水的微观解释，是以初三第三单元的知识为重要依据；而关于溶液中溶质的质量分数与化学方程式的综合计算，则是初三第五单元与本单元的有机结合。正是由于有了以上各单元的知识作为储备，才能进行对本单元知识的学习。学好了本单元知识也可以为后边的知识学习打下基础。例如：关于酸、碱、盐溶液的相关性质学习就需要以本单元的知识为基础。因此本单元知识既是本教材的一个重要组成部分，同时也是联系全书的一个纽带。因为学生缺少实践经验，而本单元内容显得有些抽象，对学生的逻辑思维能力要求也较高，所以这部分内容既是学生学习的重点又是难点。

三、单元教学目标细目表和作业属性表（见表3.22、表3.23）

表3.22　单元教学目标细目表
（A知道，B理解，C运用，D综合）

学习内容	学习水平
溶液	C
乳化作用	A
饱和溶液	B
溶质的质量分数的计算	C
溶液配制	A
溶解度	B
溶解度曲线的应用	D

表3.23　单元教学作业属性表

作业目标	溶解并掌握溶解度及溶解度曲线		
内容维度	溶解度曲线的综合应用	学习水平	□ A □ B □ C □ D
能力维度	结合溶解度曲线的特征，分析溶解度曲线中点的含义，溶液中各种量的相互换算，饱和、不饱和溶液的转化方法，结晶方式的选择以及溶质质量分数的运算	作业类型	□预习 □巩固 □复习 □口头 □书面 □实践 □必做 □选做 □拓展 □探究
作业难度	□容易 □中等 □难	作业时间	10分钟

《溶液》单元评价检测

(45分钟　100分)

可能用到的相对原子质量：H—1　O—16　Na—23

一、选择题(本题包括15小题，每小题2分，共30分)

1. 把少量生活中的物质分别放入水中，充分搅拌，可以得到溶液的是 (　　)

　　A. 面粉　　　　　B. 牛奶　　　　　C. 蔗糖　　　　　D. 植物油

2. 下列物质中属于溶液的是(　　)

　　A. 豆浆　　　　　B. 碘酒　　　　　C. 牛奶　　　　　D. 蒸馏水

3. 下列混合物中的物质，不能称为溶质的是(　　)

　　A. 碘酒中的碘　　　　　　　　　B. 食醋中的醋

　　C. 泥水中的泥沙　　　　　　　　D. 生理盐水中的盐

4. 向20 ℃时的100 g氯化钠饱和溶液中加入5 g氯化钠粉末，充分搅拌后静置，所得溶液的质量为(　　)

　　A. 105 g　　　　　B. 100 g　　　　　C. 95 g　　　　　D. 无法确定

5. 小琪同学往下图3.25所示的烧杯中加入一种固体物质，搅拌后，发现温度升高，石蜡熔化，塑料片掉了下来。该同学加入的物质可能是(　　)

图3.25　题5图

　　A. 蔗糖　　　　　B. 硝酸铵　　　　　C. 氯化钠　　　　　D. 氢氧化钠

6. 下列操作能将物质完全分散成分子的是(　　)

　　A. 在研钵里用杵研磨粒状胆矾　　　　B. 将蔗糖溶于水

　　C. 把植物油滴入水中用力振荡　　　　D. 电解水

7. 下面是四位同学对饱和溶液与不饱和溶液的理解，其中正确的是(　　)

　　A. 饱和溶液是指在任何时候都不可能再溶解物质的溶液

　　B. 在一定温度下，某物质的饱和溶液是指该温度下该物质浓度最大的溶液

　　C. 在一定温度下，向饱和KNO_3溶液中加入KNO_3晶体，溶液质量变大

D. 在一定温度下，饱和的 NaCl 溶液中不能再溶解 KNO_3 晶体

8. 如图 3.26 是 A、B 两种物质的溶解度曲线。在 t_1℃时往两个盛有 100g 水的烧杯中分别加入 a g A 物质和 b g B 物质，充分搅拌后都加热到 t_2℃。下列说法正确的是（　　）

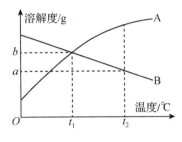

图 3.26　题 8 图

A. t_1℃时，A、B 两物质的溶解度相等，两杯溶液均是不饱和溶液

B. t_1℃时，A、B 两物质的溶解度相等，A 溶液为饱和溶液，B 溶液为不饱和溶液

C. t_2℃时，A 的溶解度比 B 的溶解度大，两杯溶液均是不饱和溶液

D. t_2℃时，A 的溶解度比 B 的溶解度大，A 溶液为不饱和溶液，B 溶液为饱和溶液

9. 下列方法一定能使 20℃时 200g 很稀的不饱和氯化钠溶液变成饱和溶液的是（　　）

A. 降低温度接近 0℃

B. 恒温蒸发足量水分

C. 加入足量 20℃的氯化钠饱和溶液

D. 加热使溶液温度升高，但不蒸发水分

10. 小乐同学欲使一不饱和硝酸钾溶液变成饱和溶液但不改变其浓度，正确的方法是（　　）

A. 加热蒸发溶剂后再降至原温度

B. 加入一定量的硝酸钾

C. 降温后使其析出部分晶体

D. 降温至溶液刚好达到饱和

11. 实验室配制 50g 溶质质量分数为 15% 的氯化钠溶液。下列说法正确的是（　　）

A. 托盘天平未经调零即用来称取氯化钠固体

B. 称量时托盘天平指针偏左，移动游码至天平平衡

C. 量取水时，用规格为 50mL 的量筒

D. 把配制好的氯化钠溶液倒入刚用蒸馏水润洗过的试剂瓶中，并贴上标签

12. 向 70g20% 的氯化钠溶液中再加入 30g 水，充分混合后，溶液中氯化钠的质量分数是（　　）

A. 20%　　　　　B. 14%　　　　　C. 16%　　　　　D. 18%

13. 固体物质 W 在水和乙醇两种溶剂中的溶解度随温度变化的曲线如图 3.27 所示。下列说法错误的是（　　）

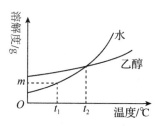

图 3.27　题 13 图

A. 物质 W 能溶解在水和乙醇中

B. t_1℃时，物质 W 在水中的溶解度为 mg

C. t_2℃时，物质 W 在水中与在乙醇中的溶解度相同

D. 将 t_1℃时物质 W 的饱和水溶液升温至 t_2℃有晶体析出

14. A、B、C、D 四只烧杯中分别盛有相等质量的水，在温度相同的条件下，向四只烧杯中分别加入 20g、15g、10g、5g 某物质，充分溶解后观察到图 3.28 所示的现象。下列说法正确的是（　　）

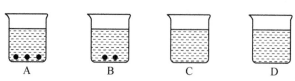

图 3.28　题 14 图

A. 烧杯 A 中盛的一定是饱和溶液；C 中盛的一定不是饱和溶液

B. 烧杯 C 中盛的可能是饱和溶液；D 中盛的一定是不饱和溶液

C. 若固体是 KNO₃，对盛有一定是饱和溶液的烧杯加热，随着温度升高，先变成不饱和溶液的是 A

D. 在一定温度下，往 A、B 中加入相同质量的水，B 中固体刚好溶解，A 中固体也能全部溶解

15. 从所给数据分析，下列选项正确的是(　　)

温度/℃	10	30	50	60
溶解度/g				
氯化钠	35.8	36.3	37.0	37.3
硝酸钾	20.9	45.8	85.5	110

A. 欲从海水中获得氯化钠，可采用降温结晶的方法

B. 将 50℃时的硝酸钾饱和溶液降温到 10℃，有晶体析出

C. 60℃时，往 100g 水中加入 100g 硝酸钾，可得到饱和溶液 200g

D. 物质的溶解度均随温度的升高而增大或随温度的降低而减小

二、填空与简答题(本大题包括 4 小题，共 50 分)

16.(12 分)请举出符合下列要求的溶液。

(1)溶质固体，溶剂液体 _____；

(2)溶质液体，溶剂液体 _____；

(3)有颜色的溶液 _____；

(4)溶质由分子构成的溶液 _____；

(5)溶质由离子构成的溶液 _____；

(6)溶剂不是水的溶液 _____。

17.(8 分)如图 3.29 所示，室温下将 120gNaOH 固体加入 100g 水中搅拌后固体全部溶解，放置一段时间恢复至室温后，析出 11g 固体。(忽略实验过程中水的损失)

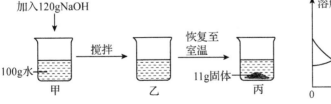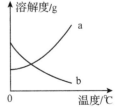

图 3.29　题 17 图

(1)丙中溶液为_____(填"饱和"或"不饱和")溶液。

(2)乙中溶液的质量为_____。

(3)室温时 NaOH 的溶解度是_____。

(4)上述实验说明 NaOH 的溶解度曲线与右上图中的_____(填"a"或"b")相似。

18.(12分)学完有关溶液的知识后,小松回家用蔗糖、碳酸钙、植物油、洗涤剂、水相互混合做了几个小实验。

(1)在同一条件下,蔗糖易溶于水,难溶于植物油,碳酸钙不能溶于水,也不能溶于植物油。由此说明物质的溶解能力与_____和_____有关。

(2)除(1)中的因素外,你认为固体物质的溶解能力还与外界_____条件有关;小松在设计实验方案验证假设时,在选择了溶质和溶剂种类的前提下,你认为在实验中还需要控制的变量有_____。

(3)一天,小松不小心将碘洒到了衣服上,他立即用水和洗洁精清洗衣服,但怎么洗也洗不掉这些斑点,还是妈妈给小松出了好主意。你认为小松应该采用的方法是_____,这种方法和用洗洁精除油污的方法比较,在原理上的不同点是_____。

19.（A:18分）

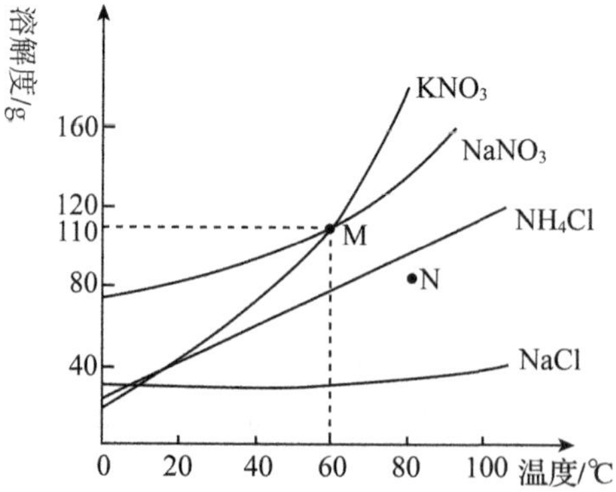

图 3.30　题 19A 图

如图 3.30 是四种物质在水中的溶解度曲线,请回答:

(1)影响固体溶解速度的因素有_____。

(2)随着温度的升高,溶解度增大最明显的是_____;40℃时,NaNO₃ 的溶解度_____(选填">""<""=")NH₄Cl 的溶解度;60℃时,210g KNO₃ 的饱和溶液中含 KNO₃_____g。

(3)如图,M 点的含义是:_____;60℃时,KNO₃ 饱和溶液变成同温度下的不饱和溶液可采取的方法是＿＿＿＿＿＿＿＿＿＿＿＿。

(4)60℃时，100g KNO₃ 加入 50g 水中所得的溶液的质量是＿＿＿＿g，此时溶液中溶质的质量分数是＿＿＿＿＿＿，若要增加此溶液中溶质的质量分数，可采取的方法是：＿＿＿＿＿＿＿＿＿＿＿＿＿＿。

(B：18 分)如图 3.31，是四种物质在水中的溶解度曲线。

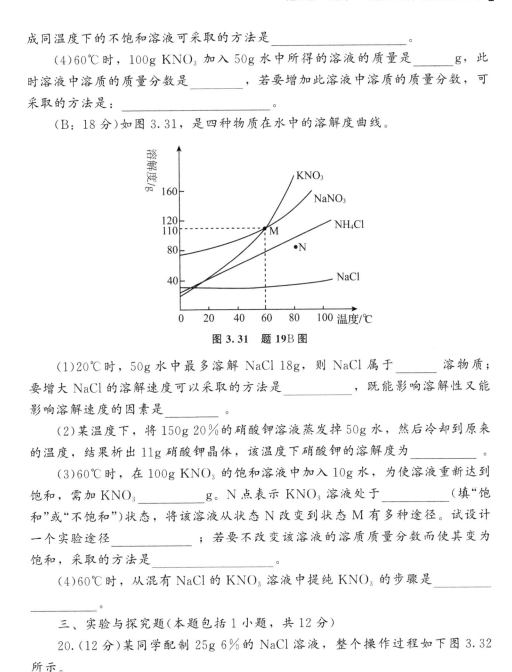

图 3.31　题 19B 图

(1)20℃时，50g 水中最多溶解 NaCl 18g，则 NaCl 属于＿＿＿＿＿溶物质；要增大 NaCl 的溶解速度可以采取的方法是＿＿＿＿＿＿，既能影响溶解性又能影响溶解速度的因素是＿＿＿＿＿＿。

(2)某温度下，将 150g 20％的硝酸钾溶液蒸发掉 50g 水，然后冷却到原来的温度，结果析出 11g 硝酸钾晶体，该温度下硝酸钾的溶解度为＿＿＿＿＿＿。

(3)60℃时，在 100g KNO₃ 的饱和溶液中加入 10g 水，为使溶液重新达到饱和，需加 KNO₃＿＿＿＿＿＿g。N 点表示 KNO₃ 溶液处于＿＿＿＿＿＿(填"饱和"或"不饱和")状态，将该溶液从状态 N 改变到状态 M 有多种途径。试设计一个实验途径＿＿＿＿＿＿＿；若要不改变该溶液的溶质质量分数而使其变为饱和，采取的方法是＿＿＿＿＿＿＿＿＿＿。

(4)60℃时，从混有 NaCl 的 KNO₃ 溶液中提纯 KNO₃ 的步骤是＿＿＿＿＿＿
＿＿＿＿＿＿。

三、实验与探究题(本题包括 1 小题，共 12 分)

20.(12 分)某同学配制 25g 6％的 NaCl 溶液，整个操作过程如下图 3.32 所示。

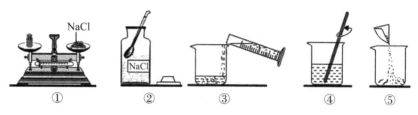

图 3.32 题 20 图

(1)配制溶液的正确操作顺序为 _____(填序号),其中操作错误的是 _____(填序号)。

(2)用量筒量取液体时,选用 _____(填"10""20"或"50")mL 的量筒,读数时视线要与量筒内 _____ 保持水平。

(3)经检测,该同学配制的溶液溶质量分数偏大,可能的原因是 _____ _____。

(4)最后将配得的溶液装瓶,贴上标签注明 _____ 备用。

A.25g   B.6%   C.NaCl 溶液

四、计算题(本题包括 1 小题,共 8 分)

21.(8 分)将 10.8g 固体氢氧化钠溶于 49.2g 水中,配成密度为 1.2g/mL 的溶液。

(1)求氢氧化钠溶液的溶质质量分数及该溶液的体积;

(2)若将上述氢氧化钠溶液稀释到 16%,求需加水的质量。

长周期实践类作业案例

【概要】长周期实践类作业,是一种以项目、问题、设计为载体,以学用结合为核心,通过人与人、人与物、人与环境的互动,促进学生养成良好的学习习惯和解决实际问题的作业。本案例以鲁教版初三物理《压强》实践性作业方案为例进行说明。

初三物理《压强》长周期实践性作业

一、课程标准

2.2.7 通过实验,理解压强。知道日常生活中增大和减小压强的方法。

例 5:估测自己站立时对地面的压强。

2.2.8 通过实验,探究并了解液体压强与哪些因素有关,知道大气压强及其与人类生活的关系。了解流体的压强与流速的关系及其在生活中的应用。

二、单元学科大概念

压强概念在固体、液体、气体、流体中的理解和运用。

三、单元项目化学习目标

1. 通过项目化学习，能够理解压强、液体压强、大气压强、流体压强等基本概念，并尝试运用知识解决实际问题，能够迁移应用。

2. 经历实验探究的过程，掌握增大和减小压强的方法、液体压强大小与什么因素有关。

3. 通过实例分析和迁移应用，理解增大和减小压强的方法、了解大气压在生活中的应用、了解流体压强的基本规律。

4. 具有科学研究的热情，能够正确运用科学方法进行物理规律的探究。

四、具体课时目标

1. 通过估测罪犯体重的项目化学习，理解压力和压强的联系和区别，初步会运用压强计算公式进行简单计算，解决实际问题。

2. 通过列举生活中大量关于压强的实例，分析、总结增大与减小压强的方法，能够动手完成工具制作，实现增大或减小压强。

3. 在同伴互助中探究液体压强与哪些因素有关，经历研究和讨论、分析、论证的过程。尝试解释为何潜水员在不同深度穿的潜水服不同。

4. 通过对活塞式抽水机的研究和分析，了解大气压强的存在和特点，理解大气压与人类生活的关系。尝试对离心泵式抽水机工作原理进行解释。

5. 通过对生活中大量流体压强的实例分析，了解伯努利原理，知道流动水域压强小的特点，具有不在流动水域游泳的安全意识。尝试为火车站、流动水域写安全须知。

五、项目化设计与核心素养(见表 3.24)

表 3.24　项目化设计与核心素养表

序号	项目名称	落实核心素养
1	小小侦探——估测嫌疑人体重	物理观念、科学思维
2	工具中的压强知识	实验探究、科学思维
3	探究液体压强大小与哪些因素有关	实验探究、科学思维
4	活塞式抽水机的工作原理	科学态度与责任、实验探究
5	生活中的流体压强	科学态度与责任、实验探究、科学思维

六、实施策略与路径

项目化学习：

项目一：小小侦探——估测嫌疑人体重

项目二：工具中的压强知识

项目三：探究液体压强大小与哪些因素有关

项目四：活塞式抽水机的工作原理

项目五：生活中的流体压强

七、评价方式

作品展示、填写评价量表、颁发奖状。

八、具体项目实施设计（见表3.25）

表3.25 《小小侦探——估测嫌疑人体重》项目实施指南

时间：1小时	单元主题：压强	项目活动：小小侦探——估测嫌疑人体重
项目描述： 1. 选择合适的器材，探究压力作用效果与哪些因素有关； 2. 选择适当的工具，测量嫌疑人脚掌面积以及脚印深度，计算得出嫌疑人的体重。		
主要关联技能： 数据测量与记录，数据计算	主要关联学科：物理、数学、工程	
项目目标： 1. 能够了解压力作用效果的多种表现形式； 2. 会用等效替代的科学方法模拟压力的作用效果； 3. 会使用刻度尺测量脚印的面积和深度； 4. 能够正确运用压强公式进行计算。		
材料准备： 教师：任务报告纸、评价量表、学生名单、脚印图片（或者实物拓片） 学生：刻度尺、沙盆和沙子、立方体块、托盘天平、弹簧测力计		
作品结果表现方式： 完成估算嫌疑人体重的任务报告（含测量过程设计、数据记录、计算过程、得出结论）		
驱动性问题： 在一次刑事案件的侦察过程中，刑警队员获得了嫌疑人在沙滩上留下的两行脚印。其中一张脚印的图片显示了很多信息。（图片略）你能帮助刑侦队员估测嫌疑人的体重吗？		

续表

项目步骤	教师支架
一、学习压力的作用效果 1. 了解压力概念； 2. 了解生活中的压力及其作用效果； 3. 通过案例分析，知道压力作用效果与压力大小和受力面积大小有关。	通过课件展示压力的作用效果图片，引导学生分析、探究压力作用效果的影响因素。
二、掌握压强的概念 1. 通过教师课件或自学，知道基本概念：压力、压强、受力面积、帕斯卡； 2. 理解并运用压强的计算公式。	出示压强这个物理量的定义、符号、单位、计算公式，引导学生掌握概念，理解并运用基础知识。
三、测量脚印的相关数据 1. 分小组讨论并制订测量计划：为了达到罪犯呈现的脚印深度，需要多少立方体压在沙子上？ 2. 测量压力：用弹簧测力计把压在沙子上的所有立方体重力测量出来，并记录（可以讨论：是否可以用其他工具）； 3. 测量受力面积：测量立方体的底面积，并记录； 4. 计算压强：利用压强公式计算压强。	说明脚印照片材料相关数据，引导学生分析并利用沙子和立方体进行探究：要得到同样深度的脚印，压强需要相同，具体是多少？
四、估算嫌疑人的体重 1. 讨论：是否可以用同样的方法来估测罪犯对沙滩的压强？ 2. 测量罪犯脚印的面积； 3. 利用压强公式变形求压力； 4. 估测嫌疑人的体重。	引导学生通过等效替代的方式，估算嫌疑人的体重。
五、自主完成测量与计算报告 1. 讨论估测嫌疑人体重的过程中，哪些量是估计的数据； 2. 评价本实验中的创新点； 3. 分享测量过程中遇到的问题和解决方案； 4. 完成报告。	根据学生的展示，引导学生评价，适时完善学生的展示和解说。指导学生完善其测量报告。

项目评价：

1. 评选最佳方案的小组（互评、教师评）

2. "最佳侦察员"自评互评表（★、★★、★★★）

评价内容	自评星级	互评星级	师评星级
测量方案合理			
测量数据翔实			
计算过程清晰			
估算结果准确			
实验报告完整			

学生档案袋材料搜集：

1. 估测嫌疑人体重报告；

2. 最佳侦查员自评互评表；

3. 奖状。

　　教学的价值和意义永远是培养人。环翠中学通过实施单元整体教学、项目化学习、"后茶馆式"教学，优化作业设计，实现深度学习，追求课堂的高质量、学科的优势发展和教育的高质量，为学赋能，提质增效。让学生能够积极、充分、灵活地运用知识，去理解世界、解决问题，学以致用，从而获得人格的健全和精神的成长，成为新时代社会主义建设者和接班人。

第四章
评价——多元评价助推教学相长

开展课程评价是推进课程建设，引领学生全面发展，促进教师专业发展，提升学校内涵品质，提高教育质量的重要措施。针对以往课程评价重成绩结果，评价改进、激励、发展等方面的功能发挥不够的问题，环翠中学在课程评价实践与探索过程中尝试了多种评价路径，形成了完整的课程评价体系，多主体多维度实施，全过程展开，系统化推进。评价中关注目标的达成度，关注课程开发和实施的全过程，重视调动和发展评价对象的主动性。具体实践中，主要从基于多个主体丰富内容性评价、关注过程实施优化结果性评价、丰富课程活动突出表现性评价三个层面开展。

第一节　基于多个主体，丰富内容性评价

　　课程评价既是课程设计与实施的终点，又是课程设计与实施继续向前发展的起点。开展课程评价的主要路径就是对影响课程实施的相关主体进行评价，并对不同主体进行引导与干预，以促使不同主体在课程实施中更好地发挥作用。基于此，环翠中学的课程评价不仅包括对课程设计本身的评价，还包括对教师的教学评价以及对学生的学习评价，旨在建构基于多个主体的内容丰富的评价机制。

一、课程设计评价

　　课程设计评价从课程的整体设计和课程各部分这两个方面进行评价。课程各部分评价贯穿课程设计的始终，包括课程目标、课程组织、课程实施、课程评价，形成具体可评价的闭环系统。通过课程评价反向优化课程的设计，开发基于校情、学情的课程，真正做到以学生发展为本（见表 4.1）。

表 4.1　环翠中学　课程设计评价表

课程名称：＿＿＿＿＿＿　编制者：＿＿＿＿＿＿　评价时间：＿＿＿＿＿＿

评价项目		评价指标	评价等级			
			完全符合	多数符合	部分符合	有待改进
课程的整体评价		课程基于国家课程。同时根据学校环境、学生群体、师资队伍、教学设施等具体情况进行选择与改变。				
		课程的开发过程包括了环境分析、课程目标设置、课程组织、课程实施和课程评价五个阶段。				
课程各部分的评价	课程目标	目标阐述清楚，容易理解。				
		课程目标的实现具有较强的操作性。				
		课程目标的设置全面、科学、均衡、现实。				

续表

评价项目		评价指标	评价等级			
			完全符合	多数符合	部分符合	有待改进
课程各部分的评价	课程组织	课程组织结构合理。				
		课程内容的选择有价值。				
		课程内容符合已经确定的课程目标。				
		课程内容的结构排列顺序符合心理学、教育学等学科原理,符合学校学生年龄发展特点。				
		向教师与学生提供了可选择的课程内容、教学方法等。				
	课程实施	详细介绍了校本课程及其实施的要求与步骤。				
		课程实施有助于培养和提高学生的自学能力,使学生从在教师指导下学习过渡到自我学习。				
		课程实施关注了学生的个体差异。				
		课程实施所需要的教学场所、教学设施、教学时间有保障且合理。				
		充分考虑和利用了学校、社区和其他媒介的教育资源。				
		教学活动的灵活性强。				
	课程评价	课程评价的主体多元化,能从学生、教师以及其他人员处获得足够的反馈信息。				
		课程评价方法多样。				
		有专人负责收集有效信息,报告评价结果。并提出进一步完善校本课程的建议和措施。				
		收集评价信息的渠道畅通。				
		制定了进一步完善校本课程的措施。				
评价结果		定性评价:	评价者签名:			

二、教师的教学评价

课堂教学是课程实施的主阵地，课程评价应贯穿于教师课堂教学的全过程。因此，在教学中我们将评价指标进行逐级分解和细化，从任务单的编写、小组合作、师生对话、课堂效果等方面进行评价。通过规范教师教学的各个环节，提升教师对不同课程实施的驾驭能力，进而提升教师的课程领导力，在实践中逐步形成并不断提升课程教师团队的鲜明特征和积极影响力。教师的教学评价标准见表 4.2。

此外，为保证课程内容充分落实于课堂之上，我们还建立了"授课前提交'两件套'（教学设计、课件）—授课时课题组组长推门听课—授课后提交'三件套'（精品照片、精彩视频、授课反思）"的流程，确保从教学设计到教学过程都能够抵达初心。学期末，我们会进行"最佳课堂大赛""最佳设计大赛""我最喜欢的老师评选"，提高教师课堂的亲和力和价值引领力。

表 4.2　环翠中学教师教学评价标准一览表

学校	班级	授课教师	课题	等级

评价项目		评估内容
任务单的编写	目标、教学、评价一致性	1. 精准定位课时目标，准确把握重难点，目标叙写合乎规范。
		2. 深刻挖掘、灵活处理教材，设计有梯度、有深度。
		3. 采用具体多样的评价方式，体现发展性和激励性。
	前置性体验	4. 设置合理，有效激活学生经验，服务好课堂教学；操作性、趣味性强，可以采用调查、阅读等灵活多样的形式。
	驱动性问题	5. 问题要生活化、情境化，激发学生的思维兴趣。
		6. 问题要有价值、综合性，提高思维的探究力。
小组合作	合作倾听	7. 有充分的合作学习时间，积极探究、密切配合、用心倾听，每个组员发表个人见解或提出有意义的问题不少于 1 次，具有一定的频度和深度。要体现"兵教兵"，突出实效性。
	展示交流	8. 积极主动，舒展大方，思路清晰，方法准确。
	点评质疑	9. 大胆质疑，深入思考，阐释充分，表达流畅。

续表

评价项目		评估内容
师生对话	师生关系	10. 课堂气氛和谐融洽，课堂组织灵活有序，师生交流平等积极。
	拓展提升	11. 整体架构，内容有价值，有深度，有宽度。
	对话技巧	12. 学习指导准确、清晰，具有启发性，引导学生思维发展。具有教学机智，应变能力强，及时处理课堂上新生成的问题。具有一定的教育功能，能够丰富学生的人生体验，促进学生的人格养成。
	课堂评价	13. 把握学情，有针对性地调整教学。评价以人为本，区别对待，对学生的口头即时评价不少于 3 次。
课堂效果	知识梳理	14. 明确学习内容的关联，进行清晰架构梳理，使知识结构化。
	目标达成	15. 大部分学生能够系统而清晰地获取知识，能够做到触类旁通，举一反三，充分感受到学习的成功、喜悦以及挫折，有进一步学习的愿望。
	对话质量	16. 生生对话中学生的参与度高，思维得以碰撞；师生对话策略恰当，思维能得以提升。
突出特色		
存在问题及建议		

三、学生学习评价

陶行知认为："教育孩子的全部秘密是解放孩子，解放孩子就是要让孩子感受到快乐，而其中首先要做的就是赏识孩子。"在学生学习评价的环节侧重对学生的学习习惯、学习方式进行过程的星级评价，进而对学生学习的最后结果提供依据和指导。在学习过程中对学生的学习水平进行诊断、评估，通过学生学习的有效性评价反馈教学信息，检验教学效果。评价内容丰富，包括学生的学习习惯、学习能力、课堂参与度、学习的技能技巧、自主合作探究学习品质等。学生学习评价标准见表 4.3。

表 4.3 环翠中学学生学习的有效性评价标准一览表

学校	班级	授课教师	课题	等级

评价项目		评估内容
生本对话	学习习惯	1. 课前准备充分，依托助学单，独立思考，自主学习，主动发现问题，提出问题，及时记录重点内容。准确把握学习重难点。
	学习能力	2. 在驱动性问题的引领下，综合使用多种方法搜集、处理信息，完成旧知和新知之间的迁移，进行深度有效的自主学习。
生生对话	组织工作	3. 组长积极为小组成员服务，平均合理地分配任务，做好材料的收集、整理工作。小组氛围愉快，合作效果好。
	合作倾听	4. 明确职责，密切配合，带着观点积极参与讨论，每个组员发表个人见解或提出有意义的问题不少于1次，具有一定的频度和深度。 5. 主动地与他人合作、交流，关注同组成员的感受。用心倾听同学的发言，仔细分析，吸收有效成分，指出不足之处。
	展示交流	6. 积极参与展示，使用规范用语，做到舒展大方，思路清晰，方法准确，突出"'小先生'开讲"的实效性。
	点评质疑	7. 深入思考，大胆质疑，阐释充分，表达自己的想法要清楚，纠正别人的错误要诚恳。
师生对话	师生关系	8. 尊重教师，发言前举手示意，积极表达，灵活而不混乱。
	拓展提升	9. 能自觉地从多种学习资源中自主选择、重组信息、发现规律，形成自己的见解并有效表达自己的观点，会运用已经掌握的知识与技能分析、解决新问题。
自我对话	知识梳理	10. 明确学习内容的关联，进行清晰架构梳理，形成个性化思维导图，使知识结构化。
	目标达成	11. 学习成果丰富，形式多样，达到学习目的，有自己独到的观点或主张，系统而清晰地获取知识，做到触类旁通、举一反三。 12. 充分感受到学习的成功、喜悦以及挫折，有进一步学习的愿望。
	对话质量	13. 参与度高，反思自己的学习行为，总结自己学习过程中的优缺点，并能正确归因，对自己作出中肯的评价。

评价项目		评估内容
情境对话	知识链接	14. 在情境中连接知识与生活，生成新知。
	情感体验	15. 在真实的情景中，设身处地思考，引发共鸣，升华自己的情感、态度、价值观。
	高阶思维	16. 通过深度学习和拓展思考，达成知识迁移重组，能创造性地解决新问题。
突出特色		
存在问题及建议		

第二节　关注过程实施，优化结果性评价

结果性评价指的是在教育活动结束后为判断其最终效果所进行的评价。传统结果性评价多以纸笔评价为主，评价形式过于单一，不能体现学生素养生成的过程，也和"五育并举"的理念背道而驰。因此，环翠中学不断探索侧重关注课程实施的全过程，通过即时性鼓励性评价、以物化成果多维度综合评价等方式，不断优化结果性评价。

一、即时性评价，体现评价的生动性

即时性评价是教师对学生的学习活动当场作出的评判，能使学生立即了解到自己的学习结果，及时调整和修正自己的学习行为。即时性评价的内容是多维度的，不仅涉及学生的学习成绩，也涉及学生的学习态度、方法、过程、习惯、思想品德、个性品质等方面。现代心理学研究表明，当学生出现某种良好学习行为后，如果及时得到相应的认可，就会产生某种心理满足，推动个体做出积极努力，继续向着更高层次发展。

即时性评价的形式也是多种多样，主要有：体态语言（如点头、微笑、抚摸、注视、鼓掌等），口头表扬，文字表扬（作业评语表扬、"钉钉"表扬等），活动表扬（"学科之星"评选、"学习进步之星"评选等），多主体表扬（教师表扬、同学表扬等），让学生参与评价活动，通过学生自评、生生互评等形成课堂教学中师生互动、生生互动的局面。

恰当的课堂即时评价有利于营造良好的课堂学习氛围，激发学生学习兴趣和探索欲望，调动学生积极思维，促进学生积极主动地投入课堂学习活动中去；增强学生对课堂学习的信心，使学生在各自的起点上充分发挥智慧和潜能，让学习评价成为激励学生学习的动力。

二、嵌入物化成果，丰富评价的多样性

丰富结果评价的方式，除注重量化评价之外，质性评价也十分重要。环翠

中学常采用观察、访谈、启发自我反思、嵌入物化成果等方式对学习进行评价。比如，设计一个真实的生活情境，让学生经历活动过程，通过观察其在活动中及活动后的表现，对包括资料收集、合作探究、分析思考等众多学习品质和能力及所呈现的物化成果加以评判。质性评价和量化评价相结合，才能够为学生的进步和发展勾勒出更加精准的画像来。下面以化学学科项目化课程评价为例，作具体介绍。

化学《自制净水器》项目化课程评价单

1. 过程性评价——任务驱动单

第一层：信息搜集(记录信息搜集的途径及过程，见表4.4)

表4.4　化学《自制净水器》信息收集表

项目团队名称：	记录人：
1. 阅读：通过阅读教材或其他方式搜集相关信息，明确在自然界中水的存在形式及分布情况。 详细内容： 	
2. 小组交流：查询家用净水器的原理、自来水厂的净化过程，明确分离并除去天然水中的杂质的方法。 详细内容： 	
3. 师生合作研究：根据学过的实验基本操作技能，明确具体的实验操作及注意事项。 详细内容： 	
4. 其他：在家庭生活中收集可替代的实验仪器与实验药品	

第二层：信息处理(记录信息处理的过程和方法，见表4.5)

表4.5　化学《自制净水器》信息处理表

项目团队名称：	记录人：
1. 绘制设计实验装置图，标注清楚替代仪器： 	

160

2. 分析：该实验需要保证净化水饮用的安全性，装置设计过程中更要注意严谨性，采纳团队成员意见，并逐步优化实验装置的设计。 详细的分析过程：
3. 结论：

第三层：信息应用（记录信息应用的过程及方案，见表 4.6）

表 4.6 化学《自制净水器》信息应用表

项目团队名称：	记录人：
1. 设计实验步骤：	
2. 检验实验装置：	
3. 修改实验方案：	
4. 展示：	
5. 过程性评价：	

2. 物化性评价——自制净水器的净水操作（见表 4.7）

表 4.7 自制净水器物化性评价表

评价要素		参考标准
装置性价比	净水器的制作材料能够在家庭生活中获得，并且组装简单、美观。	0—10
装置操作原理	净水器的净化过程能够根据混合物的成分特点，依次除去杂质。	0—10
操作方法	净水操作简单、安全。	0—10
使用效果	在紧急情况下，能够将天然水进行初步净化处理，提供干净的水源。	0—10
总分 40 分		

在以上化学项目化课程评价中，我们把评价嵌入到学习过程和学习结果中，通过信息收集、信息处理、信息运用任务单的设计，梳理学生活动的经历、经验，分析学生的行为过程表现，关注实施过程，评价学生自主学习、合

作探究、动手操作等学习品质与能力，将学习活动与评价活动同步开展，形成持续性的评价指向。通过自制净水器的净水操作评价量表评价学生的物化成果，优化最终的结果评价。同时，通过展示、推广等方式，对作品进行正向评价，肯定作品，使作品的创作者获得成功体验，从而起到激励作用。

三、多维度综合评价，彰显评价丰富性

打破以往的单一维度的分数评价，围绕以生为本的理念，提出"346"多维度综合评价模式。"3"指 3 个评价层次，即"日常性评价"（每周一次，占 50％，包括教师即时性评价的次数、课堂表现等），"总结性评价"（每学期一次，占 30％，课程结束后，是否可以达成课程总体目标），"标志性物化成果评价"（提供过程性研究痕迹以及物化成果，占 20％），实现过程评价和终结评价的有机结合；"4"指 4 个评价主体，即"学生自评"（60％）、"同学互评"（20％）、"教师评价"（10％）、"家长评价"（10％），实现评价主体多元化；"6"指 6 个素养评价维度，包括"国家意识""爱国基因""人文积累""艺术表达""问题解决""志愿服务"，实现评价内容立体化。学生的课程学习情况在学期末都以等级的形式呈现在综合素质评价体系中（见表 4.8）。

表 4.8 "346"多维度综合评价模式表

评价项目	评价内容	评价指标	评价等级		
			A(符合标准)	B(基本符合)	C(有待提高)
3 个层次	日常性评价（占 50％）	每周一次，包括教师及时性评价的次数、课堂表现等。			
	总结性评价（占 30％）	每学期一次，课程结束后，是否可以达成课程总体目标。			
	标志性物化成果评价（占 20％）	提供过程性研究痕迹以及物化成果。			

续表

评价项目	评价内容	评价指标	评价等级		
			A(符合标准)	B(基本符合)	C(有待提高)
4个主体	学生自评(占60%)	认真对待课程学习内容,高质量完成各类学习任务,不断提升自我学习的能力。			
	同学互评(占20%)	主动地与他人合作、交流,关注同组成员的感受。用心倾听同学的发言,仔细分析,吸收有效成分,指出不足之处。			
	教师评价(占10%)	听讲认真、积极参与各项活动,学习态度积极,学习成效显著。			
	家长评价(占10%)	学生学习态度端正,积极完成各项学习任务。			
6个评价维度	国家意识	有强烈的爱国之心,报国之志,强国之行,有使命感和正确的价值观、世界观和人生观。			
	爱国基因				
	人文积累	有质有量地进行文化积累,善于查阅资料,有效提取信息,培养良好的阅读习惯。			
	艺术表达	具备审美和鉴赏能力,运用多种艺术语言表达心中之美。			
	问题解决	灵活运用所学知识解决实际生活中的问题。			
	志愿服务	社会责任感和服务他人的意识。			
总体评价:					

第三节　丰富课程活动，突出表现性评价

《深化新时代教育评价改革总体方案》提出了教育应"以学生全面发展为本"。但在实际的学生评价中，存在着只看重分数的高低、忽视学生综合素质考查的问题。仅凭纸笔考试的评价方式对学生实施"一审判决"，过度看重结果，忽视过程，极大地限制了学生个性才能的发挥，不能调动学生学习的积极性和主动性。表现性评价则是全面考查学生学科素养的评价方式。因此，环翠中学将表现性评价引入课程活动的教育效果评价，及时捕捉课程活动中学生有价值的表现，真正起到以评促学、以评促教的作用，真正优化教和学的过程。

一、表现性评价的内涵

表现性评价是在真实的情境中运用评分工具对学生完成复杂任务的过程表现或结果作出判断的一种教育评价方法。作为传统纸笔测验评价形式的重要补充，它强调学生的主体性，注重评价过程，重视评价任务的真实性，着眼学生发展。表现性评价是要学生执行某一项任务而不是回答某些客观问题的评价方式，在学生执行具体的操作时直接观察和评价他们的表现。

因此，实施表现性评价，一要有要求学生执行的表现性任务，二要有用以判断结果和表现的评价标准。表现性任务要基于真实情境或类似于真实情境，能让学生证明其对知识和技能的理解与掌握，也就是任务具有挑战性但不能过于复杂或简单，公正且没有偏见，适合所有学生。评价标准是用来衡量表现性任务完成情况的依据，是一种评分方法，而具体的评分规则与标准相关，体现期望学生达到的表现水平。因此，评分标准要有教育意义，能引领并促进学生自我管理的学习，体现清晰且维度区别明显的表现水平。

二、依托表现性评价，设计课程活动

课程需要多元化的实施方式，提升学生的兴趣爱好，开发学生的潜能，将学生带入一个较为真实或模拟的现实情境里，引导学生参与其中并观察他们的

表现，看能否利用自身素养解决现实问题。因此，我们依托表现性评价进行课程活动，尝试以活动为主体，以表现性评价为载体，将知识融入活动场景之中，通过学生听、说、想、讲、演等方式呈现结果。同时，根据不同的活动相应地创设情境、设计量表，即时性、针对性地进行评价。学生通过体验、探究来驱动学习，在学习知识的过程中提升素养，培养能力，形成良好品格，达成课程目标。

（一）专题式课程活动实施及表现性评价

无论是校本课程还是拓展课程，大部分都以专题式展开，下面以"阅读"这一专题课程为例，简述表现性评价在课程实施中的具体运用。

为培养学生的综合阅读能力，我们从"文本阅读广度""思维形成程度""学生参与力度"三个维度建构表现性评价体系。文本阅读广度主要测量文本阅读范围和内容的宽展度；思维形成程度主要测量对文本的理解的元素，特别是检索相关信息，概括、理解并阐释文本，反思和评价文本内容以及反思和评价文本的形式等指向高阶阅读素养的方面；学生参与力度主要测量阅读的兴趣、时间、广度、方法等，包括阅读的动机、态度和行为等因素。

1. 阅读兴趣

观察学生对阅读活动的注意倾向、情感表现和喜爱程度，通过过程性评价与激励，学生在阅读过程中产生的情感体验能得以强化。

2. 阅读方法

通过问卷、现场考核，了解学生在阅读过程中掌握了哪些有效的阅读方法，以促进学生自主探寻适合自己的阅读方式。

3. 阅读数量

通过图书室借书登记、班级图书漂流记录、阅读家校联系单，统计学生一段时间的阅读数量，了解学生的阅读行为和习惯。

4. 阅读"四基"

通过纸笔评价、观察评价、档案评价、案例评价，综合评估学生的"四基"——基础知识、基础技能、基本方法、基本态度和价值观。

5. 高阶阅读能力

关注学生分析阅读和主题阅读行为，通过访谈评价、观察评价、跟踪评价等多种评价方式，综合评估学生的自由思维度、独立批判度。

例如：为统计学生的阅读数量，评价阅读习惯的改善和评价综合阅读能力，学校设立了评价表（见表 4.9）。

例如：学校为了更好地评价学生的高阶阅读能力，细化各种信息处理的标准，设立评价表(见表4.10)。

表 4.9　环翠中学"悦读悦写"经典诵读学生评价表

姓名	阅读书目	阅读量（次数/页数）	批注质量	读后感撰写	高阶见解（主题、收获、启示、有价值的思考）	成果展示（活动、比赛等）

表 4.10　环翠中学学生高阶阅读能力评价表

评价内容	评价指标	评价等级		
		A 完全符合	B 基本符合	C 不符合
获取信息	能从多渠道搜集自己需要的阅读材料。			
	能快速从材料中找到与自己所需信息有关的信息。			
	能比较各类信息，找出最能说明自己探究问题的内容。			
理解信息	能认读各类阅读材料，包括连续性和非连续性文本。			
	能整体把握阅读材料的主要内容，正确复述内容。			
	能正确分析、解释阅读资料中各信息的含义。			
	厘清思路，理解主要内容，体会材料的主题及表现形式。			
	阅读中能够抓住材料中的主旨或关键来整体理解。			
	能对阅读材料中提供的信息进行整理，形成新的观点。			

评价内容	评价指标	评价等级		
		A 完全符合	B 基本符合	C 不符合
判断信息	能理解自己的观点与阅读材料之间的联系，并通过自己的思考，作出判断。			
	阅读中能够积极地展开推断、假定、联想等思维活动。			
	能把所读内容与其他知识联系，产生一种与文章有关的、新颖独特的、有意义的联想和领悟。			
评价信息	能对阅读材料中的观点作出评价。			
	能针对阅读中获取的信息说出自己的体验，从中获得对自然、社会、人生的有益启示。			
	反思阅读材料的形式，对文章的遣词造句、布局谋篇以及所表达的思想情感作出评价。			
运用信息	能对阅读材料中提供的信息进行整理，形成新的观点。			
	能将阅读中的知识储存起来，并在新的阅读中灵活使用。			
	能通过阅读解决自己生活、学习中的问题。			

　　此外，根据不同的阅读活动设计出相对应的评价量表（见表4.11、表4.12），使评价更有针对性。同时注重评价结果的及时运用，每位学生的表现、成果都会第一时间通过各种渠道展示出来，进行激励性评价，让学生时时处处感受到成功的喜悦。比如充分利用好图书漂流驿站、班级文化墙、连廊、校宣传栏、广播站、校园网等及时展示学生的阅读成果。学校以成果展览的形式展示每个学生阅读的收获，以展代评，让学生体验成功，保持读书的热情。

表 4.11 环翠中学"校园朗读者"比赛评分表

评分标准	评分要求	得分
主题 内容 (20分)	1. 以个人成长、情感体验、背景故事与传世佳作相结合的方式，选用精美的文字，用最平实的情感读出文字背后的价值。 2. 内容力求实现文化感染人，鼓舞人，教育人的传导作用，展现有血有肉的真实人物情感。 3. 材料真实、典型、新颖、实例生动，反映客观事实，具有普世意义，体现时代精神。 4. 讲稿结构严谨，构思巧妙，引人入胜。	
语言 表达 (20分)	1. 朗读者普通话语音标准，语法、词汇运用规范，吐字清晰，声音洪亮圆润。 2. 朗读者表达准确、流畅、自然。 3. 语言技巧处理得当，语速恰当，语气、语调、音量、节奏等符合作品思想感情的起伏变化，能熟练表达所朗读的内容。	
仪表 风范 (20分)	1. 朗读者仪表端庄，表情自然，形体动作大方得体，体现朝气蓬勃的精神风貌。 2. 精神饱满，能较好地运用姿态、动作、手势、表情，表达对演讲稿的理解。	

注：朗读时间控制在 5 分钟之内，每超时 1 分钟扣 1 分，扣完为止。

表 4.12 环翠中学"全科阅读代言人"活动评分表

选手：＿＿＿＿＿　　得分：＿＿＿＿＿　　评委：＿＿＿＿＿

项目	评分点	分数
演讲内容	按照主题是否突出、思想是否健康、观点是否鲜明、事例是否生动、情感是否真挚、逻辑是否严谨等要素评分。	40分
语言表达	按照语言是否流畅、语音是否标准、吐字是否清晰，语速、语气、语调张弛是否符合演讲内容的起伏变化等要素评分。	30分
现场效果	按照是否能较好地运用手势、动作、神态对演讲稿内容进行诠释、烘托、是否能和观众形成良好互动，营造富有吸引力、感染力的演讲效果等要素评分。	20分
个体形象	按照演讲者精神是否饱满、着装是否整洁、行为是否得体等要素评分。	10分

(二)探究性课程活动实施及表现性评价

除了专题式课程以外，部分学科还会有探究性课程。教师创设情境，以问题为起点，引导学生发现和提出问题，学生明确要解决的问题之后，进入探究和实践环节，收集信息并寻找解决方案，最后把研究结果与其他成员进行交流，并根据其他成员的意见进行反思和评价。探究性学习活动强调学生提出问题能力、方案设计能力、创新实践能力、问题解决能力和反思总结能力，同时还需要学生具有合作意识和科学态度。教师在探究性活动的实施过程中有针对性地培养学生的这些能力、态度和意识，并尽量把这些培养目标作为学生探究性学习的评价指标，以促进学生在这些方面的迅速发展。

比如在地理拓展课程中，设计社会调查研究性活动，进行如下表现性评价：

学习目标：

1. 实地收集资料，了解主要农产品的种类和产地，从米、面、油、奶等商品入手，对我国主要农业地区的分布进行学习，激发学习兴趣和求知欲，感受生活中的地理。

2. 分类整理资料、绘制农业生产分布图，制作对比表格，根据学生的认知特点，从多彩的生活中提炼地理学科知识，拓展学习经历，强化知识理解。

3. 从地形、气候等自然条件入手，分析影响我国农业生产差异的主要原因，知道不同地区的综合性和差异性，激发学生主动参与地理学习的热情，提高学习兴趣，强化地理综合思维。

4. 踊跃展示学习成果，积极发言，提高语言表达和思维能力，完美展现团队智慧，培养集体荣誉感。

表现性任务：

任务一：在超市、商场、菜市场等地调查，查找收集生活中常见农产品的种类、原料、产地、价格等信息，并填写调查表，最后组内汇总、整理资料，完善表格（见表 4.13）。

表 4.13 主要农产品市场调查

名称	单价	原料	产地(省、市)

任务二：根据农产品种类及产地，判断其所属农业生产部门和分布地区，在《中国行政区划图》中绘制《我国农业生产部门分布图》，并从气候、地形等方

面分析东西部农业差异的原因。

任务三：根据农产品原料及其所在地，在《中国行政区划图》中绘制《主要农作物分布图》，并从气候、地形等方面，分析南方地区和北方地区农业差异的原因。

表现性任务通过社会调查这一探究性活动，创设了真实的任务情境，教师在活动过程中通过实时观察、记录学生的直接表现，获取多数学生的现场反应和各阶段表现性任务的完成情况等信息，并给予引导、鼓励。内容和评价标准逐级递进，为教学活动的组织和推进提供了依据和参考，前一阶段的有效完成为后续内容的展开提供支持，能保证教师及时发现问题，给予反馈和调整。整个活动从社会调查、收集整理数据到提出问题、分析问题、解决问题、展示交流等深化了学生对地理区域的认知，又增强了地理综合思维能力，培育了家国情怀，树立起人地协调观（见表 4.14）。

表 4.14　学生探究性学习评价量表

评价内容	评价指标	评价等级		
		A 完全符合	B 基本符合	C 不符合
研究能力	能够运用网络等多种途径和方法搜集信息并能有序加工。			
	基于调查和思考对主题有充分的理解，能够从多个角度去调研主题。			
	能够依据活动主题，自主选择恰当的活动方式开展活动。			
协作精神	小组成员分工有序，不推诿，有责任意识。			
	小组成员相互尊重，发挥优势，优势互补。			
	成员全程协作有力，及时并高质量地完成活动任务。			
成果展示	课件美观大方，制作精良。			
	宣讲内容丰富深刻，有感染力和号召力。			
	展示自信大方，有较强的表达能力。			

总之，在深化学校课程改革评价的研究与实践中，我们尝试让评价看得

见、听得到、摸得着；尝试根据学生发展层次的差异化，开展多主体、多内容评价，能够使学生在学习过程中有获得感，生成学习成就感；尝试根据学生学习与发展的动态变化全方位衔接、调整评价内容；评价因课程内容不同而有形式上的差异，课程内容又因评价导向的支撑变得更生动有趣。丰富的课程与评价机制的有机结合，更好地体现了学校在育人方面的价值取向。通过评价诊断课程的开发与实施，提高了学生实践能力、创新能力和适应社会的能力，从而促进学校、师生健康发展。未来，我们将在现有基础上进一步完善和发展现有的评价方法和路径，更好地促进每一个学生的健康成长和每一位教师的自主发展。

第五章
保障——校本研训，赋能内涵发展

    校本研训是教学研究与教师培训的有机整合，是基于课程建设和课堂教学的校本化实施，是提升教师团队的重要突破口，它对激发教师的自主发展动力、提高教师的课程领导力、促进教师的专业成长有着十分重要的现实意义。基于赋能学校内涵发展、提升教师课程建设能力的需求，环翠中学的校本研训采取终端思维，按照"以终为始（以果溯因）"的模式，反向寻找关键要素，采取有效策略达成目标。教师的专业发展首要思考的问题是培养什么样的学生、怎样培养学生、用什么样的课程培养学生。为了实现上述育人目标，环翠中学开展了主题式、序列化的校本研训活动。

第一节 校本研训规划

校本研训以课程建设和课堂教学过程中教师所面临的具体问题为对象，以教师为研究主体，强调理论指导下的实践性研究，既注重解决实际问题，又注重经验的总结、理论的提升、规律的探索和教师的专业发展，是保证课程、课堂向纵深发展的推进策略。环翠中学的校本研训形式主要有专业引领、同伴互助和自我反思，具体方式为主题式研训、教练式研训和议题式研训（见图5.1）。

图 5.1 环翠中学校本研训规划图

一、复盘思考：从问题出发的系统分析

校本研训对于促进学校的内涵发展、提升课程建设和课堂教学水平有重要意义。基于环翠中学的育人理念，系统回顾学校的课程建设和课堂教学的历史，可以发现校本研训面临许多现实问题。

1. 现有校本研训围绕具体问题和具体事务开展，处于就事论事的现状，散点多面缺少系统思考，尤其是在教师队伍建设上没有主题化、序列性的整体架构。

2. 教师团队的建设不能满足学校现实需求，尤其是在课程建设和课堂教学方面，存在经验主义，理念的革新跟不上学情的变化，缺少创新性，较少从育人的角度去整体探索实践。

3. 现有的校本研训较多关注理论和政策学习，缺少自我反思和教学改进，运用先进理念改进教学的具体化探索不足，缺少针对性、实操性思考。

二、价值取向：从理念到目标的重新定位

校本研修是对教师发展的助力，教师发展是对校本研修的有效推进。通过校本研训，优化教师的教育理念、专业结构、教育教学能力，促进教师形成开放的心态、进取的意识、改进的能力。在实际工作中开展以问题为导向的教学研究与实践，扎实推进校本研训活动，对教师的专业发展极为重要。环翠中学积极探索了建设教师专业发展的校本研训体系，努力提高教师专业素养和教育能力，提升课堂教学质量，实现高质量教育的目标。

校本研训的初级目标是促进教师的专业化成长，提升教育教学水平；终极目标是全面推进学校课程建设，全面实施素质教育，促进学生的全面发展，为民族伟大复兴提供强有力的智力支撑。具体目标如下：

1. 以问题为导向，采取主题式研训方式，系统设计，通过线上线下融合，有效提升教师专业素养，促进教师的良性发展。

2. 以活动促发展，采取教练式研训模式，通过核心教师的引领、骨干教师的示范、全体教师的参与，实施分层精准校本研训，全力建设研究型教师团队。

3. 以"问教"为突破口，发挥议题式研训方式的优势，优化校本培训体系，着力构建"教研组—青年教师—全员教师"的三级校本研训体系。

三、规划架构：从零敲碎打转向整体规划

环翠中学的校本研训是以课程建设和课堂教学发展的视角来整体规划的，从主题式研训的系统指导到教练式研训的理念引领，再到议题式研训的反思改进，体现了凝聚教师智慧，使教师走向共同思考、共同研究、共同成长的发展过程。具体是从基础、支撑、进阶、突破四个维度来系统规划和实施的(见图5.2)。

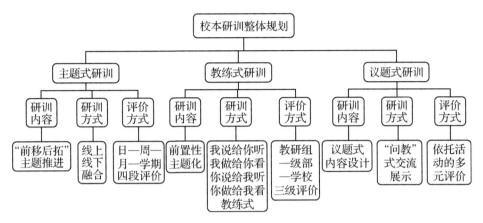

图 5.2 校本研训整体规划框架图

1. 基础——提升教师知识本位能力

校本研训是促进教师专业发展最有效的方式。具体实施路径为：一是加强教研组建设。改革教研组长会(基于问题—团队研讨—目标定位—理念支撑—措施到位)，裹挟成长，一群人在一起才能走得更快。二是高位培训引领。通过教研员入校、高中回看初中、思维生长习题课等培训内容，促进专业能力跃迁成长。三是搭建活动平台。通过同课异构、课堂大赛、汇报课等，与考核和区级推选挂钩。四是推进校本化资源建设。用教案提供系统架构，用微课突破解决重难点，用助学单提供自主学习支架，用过关检测评价学生的掌握情况。

2. 支撑——信息手段应用能力

信息化是互联网模式下教师适应未来教育形态的重要抓手。人工智能和在线课程的发展带来教育的新样态，线上学习、基于 VR 技术的学习、混合式学习等正在不断打破空间壁垒。教师作为教学的设计者，必须具备较高的信息素养来应对新的挑战，提升教师信息素养服务学校教育教学刻不容缓。一方面成立信息技术精英班，以发展"指尖上的课程"为切入点，加强对教师的专项培训，为实现教学模式的变革做好技术储备；另一方面以精英班为开发主体，积极开发适用于校情的信息应用培训资源，推进基于网络的教师学习和互动，让教师足不出户便能获得精准赋能，还通过开展比赛激励提升教师信息化素养。

3. 进阶——发展课程开发能力

根据知行思交融原理，教师课程开发能力的培养应包含三个要素：①教师必须具备有关课程开发的基本知识与技能；②教师必须有机会进行课程开发实践，在实践中拓展知识，提升能力；③教师必须有机会把自己的课程开发成果付诸实施，在实施中研讨反思改善提高。北京十一学校原校长李希贵说："课程的本质不是知识的注射器，而是要把社会上的那些挑战，孩子们将来会遇到的那些问题，打包浓缩，变成课程，让学生们提前体验，提前触发孩子们的禀赋。"课程开发最需要解决的问题是对教师进行课程开发理念指导和教师组织开好每一节课。围绕这两个重点，我们邀请专家进行专项培训，加强过程监督和展示总结，推进课程开发和实施。

4. 突破——问题解决科研能力

一个有意义、有价值的课题，能促进教师专业成长，引领学校发展方向。环翠中学把课题研究作为教科研能力提升的重点，鼓励教师基于问题解决确立研究课题，形成全员科研的局面。在内容上，以省级课题顶层架构，市级课题辐射带动，备课组小课题即时联动，融合推进课堂教学研究、校本课程、校本培训、深度阅读等，采取每周一调研，每月一汇总，每学期一展示的方式，通过课堂精研、集备深研、阶段汇研、成果展研，形成"查找问题—学习探讨—实践探索—交流汇报"的课题研究流程。组织教师用"SWOT＋问题排序＋问题树＋头脑风暴导图"的形式查摆问题，展开讨论，寻找措施，实现从问题到经验直至成果的转化与提升，使课题研究具有高实践性、高参与性、高实效性。

第二节 主题式校本研训

校本研训是一种多主体参与并指向复杂任务的协同与交往的活动。学校在发展过程中尤其是课程建设和课堂教学中会面临许多现实问题，例如如何实施单元教学、怎样有效开展大概念教学、如何提升课堂问题设计质量等。针对这些共性问题和发展困惑，环翠中学采用了主题式校本研训的方式，进行主题化、序列性的研训。

一、基于问题：主题式校本研训的意义

环翠中学的主题式校本研训活动，就是以学校教育和教师工作中存在的实际问题为切入口，以促进教师专业发展为根本目的，以学校自身力量和资源优势为主要依托，分阶段、分层次地推进，通过主题式、序列化的方式促进研训向纵深发展。

我们的主题式校本研训采取的是"前移后拓"模式。"前移"是指正式研究之前进行的相关性、预备性、铺垫性研究，"后拓"是指正式研究之后进行的延伸性、拓展性和提升性研究。在研修的具体内容与时间安排上，既有"前移"，又有"后拓"，构成一个螺旋向上的回路，形成一种"连续性事件"，以保证教师专业知识扩充、专业能力提升以及专业情感的培养与陶冶。具体机制运行模式见图 5.3。

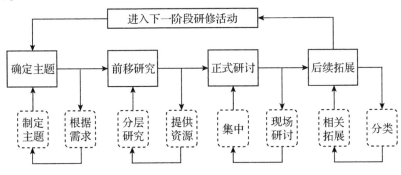

图 5.3 主题式校本研训机制示意图

主题式校本研训与传统的教研相比有明显优势。无论是研修目的、组织方式、研修内容、参与主体、参与方式、研修过程、研修资源，还是研修成效上都有极大提升(见表 5.1)。

表 5.1 "前移后拓"研修与普通教研的优势对比图

具体项目	普通教研	"前移后拓"研修
研修目的	关注技术　重研轻修	以研促修　培育研究生态
组织方式	自上而下　按部就班	重心下移　策划引领
研修内容	研究教材、教法	全面研究学生、教师行为
参与主体	个体	群体　全员
参与方式	单向　同质	多向　互动
研修过程	点状　片段	长程　连续
研修资源	固化　单薄	滚动生成　丰富多层
研修成效	传递经验　成就明星	研修自觉　群体成长　更新理念　再造文化

二、内涵思考：主题式校本研训的运作模式

主题式校本研训是问题导向、流程保障的闭环过程，包括专题讲座、主题阅读、小课题研究、课堂实践、反思纠偏、总结提炼六个环节。在主题引领下，各学科教研组开展具有学科特点的深入研究(见图 5.4)。

图 5.4　主题式校本研训闭环示意图

180

1. 专题讲座

基于问题形成校本研训的主题，发挥名师的引领作用，以团队的力量集体行走。由教学领导和校园名师组成核心团队，并根据研训主题进行先行性研修，在研究的基础上举办全校范围的专题讲座。专题讲座的有效开展，形成了"核心教师引领、骨干教师示范、全体教师参与"的团队合作机制，有利于促进教师理念的提升，使教师增强开展研究的能力和意愿。

2. 主题阅读

根据研训主题，学校推荐必读书目，教研组内制订读书计划，教师进行批注阅读，边读边思考，边思考边结合教学实际进行融合反思。在阅读的基础上建立读书交流群，分享交流读书收获，让阅读带领教师走向新的拓展。

在阅读分享的基础上，以专业写作为发力点，组织每位教师每学期将阅读成果进行书面总结，形成一篇理论与实践相结合的同研论文。学校组成写作评价团队，进行等级评定和修改指导，优秀论文交流共享，强化教师读用转化意识和能力。用阅读促进研训，用阅读引领教学，促进教师素养向纵深发展，让教师著文而行，素养与业绩并进、理念与实践双进。

3. 小课题研究

在专题讲座的引领下，主题阅读丰富了教师的教育教学认识，此外还需要具有学科特点的小课题研究来进一步深化、提升认识。例如多维对话式课堂的研究，进行五维对话的深入研究：人本对话，通过科学编写助学单，优化驱动性问题等，体现教学评的一致性；生生对话，以生物教研组牵头推出可泛化经验，通过精心设计项目化的活动，推进思维型自主探究与合作交流，提升小组合作品质，优化学习方式；师生对话，实施以生为本的交互式作业设计，指向精准拓展，形成可操作的反馈模式；自我对话，借助 KWL 表格，加强思维导图构建、错题整理、知识梳理，使思维可视化；情境对话，从不同角度创设情境，设计任务，模拟运作，指导总结，在真实的情境中培养学生利用已有知识解决问题、生成新知的能力。

4. 课堂实践

实践促进研究，研究指导实践。主题式校本研训的目的是促进课程建设和课堂教学。在课堂实践中，教研组根据学科特色，针对区域和学校研究重点，选择驱动性问题的创设、思维型合作探究学习方式、交互式反馈策略的提炼、问题情境的创设、思维可视化等某一个专项开展主题式研训，进行课堂实践。按照"单点突破、协同推进、全面铺开、综合展示、形成资源"的路径实施研训。教研组每周录制一节"一师一优课",用课堂实践检验研训成果。学期中举行"青年教师月汇报课""骨干教师课堂大赛""同课异构大赛",用活动促进研究的深入开展。

5. 反思纠偏

反思改进是促进研究向纵深发展的必由之路。在主题式校本研训中,从专题讲座的理念建构到主题阅读的内涵丰厚,从突出学科特点的小课题研究到课堂实践的有效开展,都需要教师基于问题进行复盘思考,并在反思中不断改进,纠正偏差,形成教学经验。

6. 总结提炼

主题式校本研训的初衷是解决学校教学和教师工作中的实际问题,最终目的是形成有效的教学策略,丰富教育教学资源。因此,总结提炼至关重要。在实施过程中每学期会组织教师全员参与主题式校本研训的成果编写,形成校级的资源库。

三、实践案例:优质提问策略的实践研究

环翠中学在开展多维式对话课堂的实践研究过程中,面临的一个重要问题是教师在教学设计和课堂生成中无法有效设计,以促进学生的思维发展,培养学生的高阶思维,实现深度学习。针对这一问题,学校开展了"优质提问策略的专题研究"主题式校本研训活动。

采用主题式校本研训的运作模式,我们首先开展了以《基于核心素养促进学生深度学习的提问策略》为题的专题讲座,从为什么要开展优质提问策略的研究、如何开展优质提问策略的研究等方面进行理念引领。全体教师在专题讲座的引领下,自主阅读《好老师会提问》和《素养何以在课堂生长》等专业书籍,进一步深化自己的认识。各教研组以"优质提问策略"为核心研究点,开展小课题研究,在研究的基础上进行课堂实践和反思纠偏,并提炼成果。

附:"优质提问策略"主题化研训交流成果(化学组、历史组)。

把握提问策略,提出优质问题

化学组

课堂提问是课堂教学的一种主要形式,是促使教学目标达成的一种必不可少的手段。在一节课中,提问什么,如何提问,什么时机提问,都要精心安

排，将课堂教学设计成一环扣一环的"问题链"，把教学的理念、教师的教学思路与学生的学习认知有机地结合起来。

一、目前关于提问出现的问题

1. 课堂教学中"提问题"时目标不明，指向不清

教师在课堂教学过程中，所提出的问题与教学目标关系不密切，使得学生在回答问题时答非所问，不能很好地掌握教学内容。比如：教师在进行"常见的碱"这一课教学时，让学生回答"碱有哪些，纯碱 Na_2CO_3 是否属于碱"，这个问题与本课时的教学目标没有关联，所以学生无法回答，更不用说掌握教学内容了。

2. 课堂教学中"提问题"时过于简单，缺乏新意

教师在提问学生时，容易出现蜻蜓点水的情形，一些问题的提出缺乏思维的深度和广度，只是简单地让学生回答"是"或者"不是"，"对"或者"不对"。比如有些教师经常提问学生"稀硫酸是不是酸"，还有"大家一起回答，氢气点燃后生成水的反应是不是化合反应"，等等，这样的问题枯燥无味，单调乏味，不能很好地唤起学生的思考，无法达到预期的教学效果。

二、针对问题和解决策略

有效的课堂提问需要开放式考察，就是在学生的新旧知识发生激烈冲突、学生意识中的矛盾激化之之时，捕捉到这个最佳提问时机，使学生处于"愤悱"状态，产生欲罢不休的心理，从而激发学生回答问题的积极性。

1. 目标明确，问题精准，指向清晰

精心设计提问，减少封闭式提问。太简单的问题，比如纯粹的识记性问题、没有思考价值的问题都不能激活学生的思维，使教学停留在简单灌输的低层次上，久而久之，学生对该学科兴趣索然，教学质量必然下降。

如前文中提到的，教师在进行"常见的碱"这一课教学时提出一个"碱有哪些？纯碱 Na_2CO_3 属于不属于碱"的问题。我们可以这样提问："请总结一下什么是碱，从微观角度看，碱的共同点是什么""我们学过的物质中，哪些物质是碱"……这就是开放式提问。

提问既要有深度，又要体现层次性，使学生在不断地"跳跳——摘到果子"的过程中，充分享受到探索的乐趣。要做到优质提问，首先要学会提问。教师应加强教学研究，分析教材，吃透教材，为每一节课设计一些高质量，有能力梯度的问题，从而真正实现循序渐进，优化课堂教学效果。

2. 巧妙设疑，增加验证性问题，使化学更贴近生活

化学课堂中经常会涉及重点提问、化解难点提问、小节中的知识总结提

问、整理知识提问，还有为激发学生兴趣而设置的理论联系实际的提问、应用性提问等。

比如在进行与"溶液"相关的教学时，教师向学生提出问题：

①老师今天到你家做客，你留我吃午饭，我喝到的蛋汤太咸了，你该怎么办？（学生回答：加水汤就不咸了）

进一步地，教师再进行解释性提问——如何用溶质质量分数的知识来解释汤不咸了？（学生回答：溶质质量分数变小了）

更进一步地，教师再进行开放式提问：

②请问加水后汤变淡了，那么溶质质量分数是如何变化的？（学生回答：变稀了就说明溶质质量分数变小了）。

通过教师设置的提问内容，学生产生了学习兴趣，学习热情被激发了，很多学生踊跃参加讨论，课堂教学气氛也被充分调动起来了。

3. 深层拓展

要使学生得到生动活泼的发展，培养良好品格、情操，就要彻底改变"教师牵着学生走，学生围着教师转"的局面。从教师的问转化为学生的问，让学生自主地发现问题，提出问题，借助已有的生活知识和经验，大胆地向教材、教师提出质疑，并逐步由"敢问"向"善问"发展，一步步向思维的深层次拓展。

比如在"生活中的酸碱盐（复习课）"的教学过程中，可以适时提出如下问题：

①小明为了给生锈的铁锅除锈，尝试在锅里加了一些盐酸，然后就去外面玩，结果铁锅破底了，这是为什么？

②胃酸过多的人可以吃的胃药有哪些？它们的作用是如何表现的？请用化学方程式表示。

③盛有 $NaOH$ 的试剂瓶瓶口常有一些白色的粉末，这些白色的粉末可能含有哪些成分？如何证明？

学生能结合生活经验与平时的实践观察找到一些问题，应用到具体的学习中，这是学生综合运用知识来解答问题的能力体现。

只有得当的课堂提问才能调动学生的积极性，使学生产生强烈的求知欲望，自觉自愿地投入化学学习中去，从而更有效地发展学生的思维能力、理解能力和表达能力。在化学教学中教师应有针对性地采用"优质问题"的教学方式，对课堂教学中"提问"的最佳方式认真进行研究，形成良好的"优质提问"教学模式，培养学生提问题的意识，形成师生"优质提问"互动的最佳策略并贯穿于课堂教学的始终，才能增强课堂教学的有效性。

课堂优质提问策略

历史组

一、历史课堂提问中存在的问题

环翠中学一贯秉承走进课堂、随时听课并结合自己的教学实际及时反思的良好传统。在听课过程中，我们发现现在大部分教师在教学观念上已有很大改善，"满堂灌"的现象普遍得到了改进，大家都很注意教师的主导地位和学生的主体地位，尽可能地让学生在课堂上多说，边讲边问正在取代灌输式教授。但课堂提问多以低层次的记忆性问题为主，教师的提问技巧比较单一。显而易见，目前教师对新课程理念的理解仍存在一些误区，主要表现在以下几个方面：

1. 问题过于肤浅，缺乏深度的无效问题时而出现

在听课的过程中，我们发现有些教师有"口头禅式"的提问，上课习惯性地说"对不对""是不是""行不行"等口头禅。一节课 40 分钟，学生完全浸泡在回答毫无思考价值的提问中，真正静下心来思考的时间太少。何况一个 40 多人的班级，在回答"是、对、可以"这些简单的问题时又有多少人是思考后再回答的呢？提问的目的是培养学生的思维能力，这样的提问有何意义？还有"半截话"式提问，整整一堂课，老师几乎所有的问题都用这种方式来引导学生回答，不仅直接影响了学生考试答题时的规范性，造成学生表达不到位的现象，而且给学生将来的自主学习带来极为不利的影响。问题缺乏深度还表现在所提问题能力水平要求不高，一般在课本上就能直接找到答案，缺乏评价型问题或综合型问题。

2. 问题过多，提问目的不明确，随意性很强

在课堂教学中，针对一个现象或一个事件，一连串的提问。例如有位教师在让学生学习"新文化运动的背景"一课内容时，从一开始就不停地提出如下问题："什么是文化启蒙？什么是启蒙？什么是文化？什么是新文化？列强是如何与袁世凯相互勾结的？辛亥革命是怎么失败的？中国资本主义是如何进一步发展的？西方启蒙思想是如何传播到中国来的？"经教师这样提问，学生瞪大了眼睛，头脑发昏、发涨，毫无头绪，心中的沉重包袱严重影响了读书思维。课堂提问的数量与质量并不是成正比的，并不是问题越多教学效果就越好，关键是要问到点子上，问题让学生感兴趣。

3. 提问后没有给学生充分的时间去思考

为了能顺利完成教学任务，教师往往在发现没有学生响应后，便重复问问题或把可供探索的问题进一步细化分解进行引导，这样做使学生失去了思考探索的余地。在没有学生愿意举手回答时，教师多是找少数几个好学生回答，或者有时就采用集体回答问题的形式。在听课过程中，我们明显感觉到多数教师都缺乏耐心的等待。

4. 提问对象片面且单一

问题提出后很少有学生主动举手回答，大多是教师点名回答。有的教师提问只盯住几个尖子生，不面向全体学生，学生答对了也理所当然。每节课只让几个尖子生回答问题，这些教师的理由是差生基础差，回答问题浪费时间，完成不了教学任务。让学生机械地接受他人现成的思维成果，与教师的"满堂灌"无实质性差异。

5. 处理学生的回答时有所欠缺

教师往往以心中的答案为唯一标准，如果学生说的不是自己想要的答案，就立即给予否定。对学生回答过程中存在的问题和错误没有进行合适、适时的分析和评价，有的教师也注意到要对学生的回答给予鼓励和肯定，但很多鼓励流于形式，方式单一。对学生回答过程中所暴露出的问题和错误并没有明确指出并予以纠正，态度含糊，追问也主要是对前一问题的延续或对前一问题的回答感到不满意而作出的，缺乏一定的梯度和深度，对学生的回答缺乏及时合理的评价。

6. 课堂上都是教师提问学生，缺失生生间的点评

在听课的过程中我们感觉到，课上得很流畅，学生也紧跟着教师的思路，课堂完全按照教学设计的环节进行着，虽然学生有发言的机会，但主动性不够，缺少那种由于师生交流而产生的真正的思想碰撞。学生不主动去学习，而是被动接受，久而久之就会成为一种习惯，所以很少有学生主动站起来提出质疑。

二、原因分析及解决方式

课堂教学的目的是激发学生的求知欲，充分发挥其主体能动性，提高教学效果。这就需要优质提问。历史教师必须注意和克服前文所述的问题。以上现象的出现主要有以下三方面原因：

1. 教师的传统教学观念已根深蒂固

从理论上讲，教师们都清楚教学最终的目的是促进学生个性的全面发展。

可是，在实际教学过程中，许多教师仍受传统教育思想的影响，将学生的个性发展局限于升学标准的模式里。"成绩好"成了教学的唯一目的，分数成了学生的命根，考试成了教师的法宝，教学中考什么就教什么，考什么就学什么，许多学生因而失去了学习的动力。

在新课改的大背景下，教材、课程模式以及过程目标都改了，可内在的观念、思维并没有改变。正是这种换汤不换药的现象导致教育改革遇阻，教育实践停滞，改革无法取得实质性的进展。

解决方式：只有转变以教师为中心的教育教学模式，在提问中加强学生的主体性地位和作用，树立以学生为根本的课程观，才能使学生在身体、性格、学习各方面得到全面发展，成为新时代的"新三好学生"。

2. 问题设计能力存在缺陷

教师只有对课堂提问有了深刻的认识，掌握科学的提问原则和策略，了解提问的方式和艺术，才能精心设计好课堂提出的问题，有效组织好问题教学。掌握科学提问的原则、策略，了解提问的方式和艺术，使课堂提问真正成为师生对话、交流和互动的平台，这样才有助于提高课堂效率，充分发挥课堂提问的作用和功效，将新课程理念真正落到实处。一名合格的教师除了要具备扎实的专业理论知识功底之外，还要掌握必要的自然科学知识以及跨学科联系的本领和立体思维能力。

3. 教师对新课程理念的误解

课程改革要求教师和学生转变教与学的方式，提倡启发式和讨论式教学。对此很多教师理解为：教师在一堂课中讲得越少越好，应该让学生多讲，教师讲多了又成了传统的教学方式。在教学中，许多教师出现了主观上希望通过课堂提问体现以学生为主体、教师为主导的新课程理念，实质上则是为了提问而提问，用提问来代替教师的讲解，借学生之口说出自己想要说的答案，把启发式教学庸俗化成问答式教学，把问答当作对话。课堂上一问一答，表面上师生、生生在互动，实质上则是用提问的方式让学生钻进教师事先设计好的"圈套"里。

解决方式：课程改革要求教师在教学中促使学生爱学、会学、会思考，这些要求并不是通过教师的问就能完全得以实现的。应选用多种方式相结合的、最为恰当的教学方式和方法，如问题情景的创设等，这样才能真正贯彻新课程理念。

三、历史课的优质提问与高阶思维

历史课堂提问是一系列以激发学生思维为目的的师生互动的行为链，是学生批判性思维、创造性思维和解决问题思维等思维操作结构中的一种思维加工技能。优质的课堂提问是激起高阶思维的"导火索"，是激发思维互动的主要手段。

在历史授课过程中，对课堂提问进行周密设计是高效优质提问的核心环节。思维型课堂教学理论以聚焦思维结构的智力理论为基础，着眼于课堂教学中的思维活动，旨在提高课堂教学质量。思维型课堂教学理论引领下的课堂提问以引导学生产生认知冲突、激起学生思维兴趣、提升学生高阶思维能力为主要目标，对课堂提问提出的基本要求是：明确提问目的、引导学生完成知识建构、重视非智力因素的激发与维护、关注提问的层次性、训练学生的思维品质；同时强调课堂提问不仅包含教师提问，同时包含学生提问的双主体提问的重要性。优质的课堂提问是一门科学，更是一门艺术，掌握课堂提问智慧是我们每位教师的基本功。

第三节 教练式校本研训

学校发展的关键在教师。教师专业化发展已经成为各方共识。但是，在实际教学管理中我们发现教师一方面有着强烈的诉求，一方面却也存在着因地位的被动，专业知识、能力、精神和素养的不足而导致的发展欲望不高的情况。针对上述教师发展中的瓶颈问题，环翠中学采用教练式校本研训的方式，帮助教师裹挟成长、共同提高。

一、基于问题：教练式校本研训的意义

教练式校本研训的目标是优化教师团队的合作环境、培育教师团队之间的合作文化。环翠中学开展的教练式校本研训从目标、协作、机制三个维度有效开展。目标基于学校的育人理念和文化背景，建立具有共性的发展目标，形成共同的愿景，实现价值观的认同，使团队成员的个人目标升华到群体的目标之中，明晰每位教师要做什么和怎样与其他成员共同工作。协作基于团队合作的理念，团队成员对每一个目标的完成，都应该对团队的集体成功有着明确意识和积极行动，而成功的获得将成为激励团队继续努力的动力。机制基于有效推进的思考，目标从以确立教师发展为本到激发教师内驱动力，最终实现教师专业能力的提升。

二、内涵思考：教练式校本研训的运作模式

环翠中学的教练式校本研训是四步循环发展：我说给你听—我做给你看—你说给我听—你做给我看（见图 5.5）。

图 5.5　教练式校本研训流程图

1. 我说给你听——主题引领

基于原点思维发现学校发展中的瓶颈问题，在问题的基础上学校教学领导进行先行学习和研究，从目标定位到理念支撑，再到具体策略等方面进行整体架构。在研究的基础上开展全校范围内的主题引领。通过主题引领的有效开展，学校形成了"核心教师引领、骨干教师示范、全体教师参与"的团队合作机制，有效促进了教师理念的提升，增强了开展研究的能力和意愿（见图 5.6）。

图 5.6　主题引领示意图

2. 我做给你看——领导先行

基于终端思维，在主题讲座的基础上，教学领导先行，进行下水尝试，开展全校范围内的示范引领。从理念支撑到理顺关键要素，形成可行性案例，助力全体教师学习和研究，形成最终结果（见图 5.7）。

图 5.7　领导先行路径图

3. 你说给我听——展示交流

全体教师在理念引领和实操展示的基础上，通过主题阅读和反思改进，形成自己对校本研训内容的认识，并通过展示交流进行循环提升。环翠中学以说课的方式进行活动引领，促进研究深入开展（见表5.2）。

表5.2 环翠中学教练式校本研训说课评价表

学校	班级	评课教师	课题	等级

评价项目		评估内容
教师的教	教学策略	针对教师采取的具体策略进行列举式评价，并且能提升总结为教学经验。不仅要感性呈现，还要有理性分析。
	师生关系	针对"颜、言、眼、研"四字诀在课堂的显性和隐性表现，依托教学细节描述进行评价。
		基于课堂是否达成教学相长、师生互相成就进行准确评价，有理论依据。
	思维培养	结合课堂教学对是否达成高阶思维培养、达成方式等进行评价，能体现出学科思维特点。
学生的学	学习习惯	依托具体的学生行为，评价教师日常对学生习惯的培养。
	学习方式	观测学生在生本对话中能否在驱动性问题的引领下，进行深度有效的自主学习，生生对话中能否进行有一定频度和深度的合作建构，以学生的思维型学习方式的改善评价教师的课堂教学。
	学习效果	检测学生学习效果，结合课堂具体数据进行评价。

4. 你做给我看——课例呈现

活动促进研究，研究指导实践。教练式校本研训的目标是提升课程建设能力和课堂教学效果。在课堂实践中环翠中学通过开展青年教师月汇报课、骨干教师课堂大赛、同课异构大赛，用活动促进研究的深入开展。

三、实践案例：大概念教学深入推进的实践研究

威海市环翠中学为了提高教育教学质量、深化课堂教学改革，在学校开展了大概念教学的深入推进研究。

附："大概念教学"教练式校本研训案例

托物言志 "物""志"相融

——大概念视角下的语文单元教学

大概念视角下的单元教学，可以通过合理而有效的单元教学设计，帮助学生深入理解主要概念，并开展持久学习。围绕大概念开展项目化学习，可以改变零敲碎打的传统教学方式，将学生的思维引向深入。现以统编语文教材七年级下册围绕核心概念"托物言志"设计的项目化学习为例，浅析大概念视角下的单元教学的理解和架构。

一、提炼大概念

日本学者石井英真提出的认知系统"三重圆模式"，将知识的三个学习目标分为知识的习得与巩固、知识的意义理解、知识的迁移与运用。知识的意义理解与迁移运用是教学的重要目标，也是学生素养提高的重要内容。大概念的确定，不能局限于对单元核心概念本身的掌握，而要结合学生对核心概念理解的偏差或者在真实情境中的迁移运用能力的实际情况。梳理并提炼大概念是单元教学的重中之重。

托物言志，在初中语文教学中是一个经常出现的词语，它是一种表现手法，是借富有特征的自然景物（或事物）来寄托情思的一种表现手法。"物"和"人"往往有一种共通的内核，即志向、情操、爱好、愿望等。托物言志的文章往往都是写物为主，言志是文章的点睛之笔。因此，托物言志的教学关键便是突破"物语"，读懂所托之物，方能读出所言之志。

七年级学生对托物言志散文中"物"的特点和作者的"志"（情感）都能归纳概括，但对于理解作家如何运用托物言志的手法来创作，使"物"与"志"和谐统一、有机融合，普遍感到困难。教师应结合学情提炼出大概念：运用托物言志的手法创作，使物与志和谐相融。

二、梳理大单元

托物言志是大单元要学习和掌握的核心概念，理解托物言志的内涵并会运用是学习的重难点。基于核心概念和学习重难点，我们梳理了统编教材七年级语文下册涉及"托物言志"大概念统摄的课文——《陋室铭》《爱莲说》《紫藤萝瀑布》《一棵小桃树》。这些文章的主要特点是托物言志，借物抒怀，字里行间闪烁着智慧的光芒，也带给我们许多人生启迪。在教材的基础上进一步拓展课外阅读内容，教研组又引入经典篇目《白杨礼赞》《好一朵木槿花》《牡丹的拒绝》《心田上的百合花》。

三、根据学生学习的真实性设计核心任务

学习的真实性即在真实的情境中开展学习，通过解决生活中的真实问题，迁移运用核心概念，提升核心素养。基于大概念的语文项目化学习，必须制定具有真实生活情境的学习任务，以便于学生在迁移运用中对大概念进行深入学习。基于"运用托物言志的手法创作，使物与志和谐相融"这一大概念，教研组设计了能够迁移运用该大概念的核心任务——创写班歌，唱响班歌。

"创写班歌，唱响班歌"，要求学生选取一种最能代表班级形象和精神风貌的花作为本班的"班花"，运用托物言志的手法创写歌词，自创或选配曲子，并制作宣传海报，进行歌唱表演。这个核心任务的完成需要学生充分理解并运用托物言志的手法，使花与志和谐融合；学生还要调用歌词的知识、音乐美术等艺术知识，并发挥小组合作的能力，展现艺术素养。所以，它是文学与艺术的跨界，是对学生综合素养的挑战，与当下"五育"并举、突出美育素养的教育理念相吻合。

四、根据核心任务制定学习目标

具有真实挑战性的核心任务体现了我们学校的教育目标：使学生在真实世界能得心应手地生活。迁移，即对理解的反映，是指能够熟练地解决核心任务中的真实挑战，所学内容只是解决问题的一种手段。学习目标根据具有挑战性的核心任务来确定，核心任务中对大概念的迁移运用应该作为该项目化学习的核心目标。因此，确定的学习目标要少，它必须聚焦学生对大概念的迁移运用，注重对学生高阶思维能力的培养。

项目化学习中的学习目标定为：理解并应用托物言志手法创写班歌，唱响班歌，并学会评价托物言志手法运用的优劣。该目标体现了评价、综合、创新等高阶思维能力。这样的目标集中、清晰，使学生的学习任务更加明确，也使后续的教学不蔓不枝。

五、根据学生的认知规律确定项目实施方案

项目化学习的周期长，学生应具有开展相应项目的知识储备，并通过小组合作开展跨学科的综合性学习。基于语文大概念的项目化学习，则是借助项目（核心任务）引导学生深入理解大概念，并在迁移运用中提高语文能力，发展核心素养。

在语文项目化学习中，大概念是学生存在的理解、运用上的盲点、矛盾点、难点。因此，教与学的实施应该按照学生的认知规律设计，遵循学生认知由低阶到高阶的特点，根据认知、理解、分析、评价、综合、创新的梯度，围绕核心任务螺旋上升式地设计各阶段的学习任务，从而让学生的学习能力在学习任务的进阶中不断提升。

根据这样的要求，"创写班歌，唱响班歌"项目化学习的实施方案分为以下三个阶段六个子任务：

阶段一：理解"托物言志"

任务1：精读《紫藤萝瀑布》，理解托物言志的内涵，了解物与志相融的方法。

任务2：精读《一棵小桃树》，与《紫藤萝瀑布》对比，进一步理解托物言志的内涵，了解物与志相融的方法。

任务3：拓展阅读《白杨礼赞》《好一朵木槿花》《牡丹的拒绝》《心田上的百合花》，结合精读文章，归纳总结"物志交融"的方法。

阶段二：创写"托物言志"散文

任务4：选择一种花作为"班花"，提供评价标准，运用提炼的"物志交融"的方法创写散文。

阶段三：创评"托物言志"班歌

任务5：将散文改写为歌词（运用托物言志手法）并展评。

任务6：给歌词配乐，制作海报、表演背景PPT，演唱展评。

整个项目围绕大概念展开。阶段一，学生通过精读课文《紫藤萝瀑布》《一棵小桃树》，从课内走向课外，理解"运用托物言志的手法创作，使物与志和谐相融"这一大概念。阶段二，学生初步运用习得的知识，选择一种花作为写作对象，进行散文的写作及评价，在实践中深入理解大概念。阶段三，学生尝试将散文改写成歌词，并配乐演唱歌词。这三个阶段，根据学生的认知规律进阶设计任务，前一阶段是后一阶段任务学习的基石，一步步引导学生在真实的生活情境（选"班花"）中开展创写歌词的实践活动。

六、根据大概念的迁移运用制定评价标准

项目化学习充分体现了学生的主体地位。学生自主开展项目化学习的前提是明确学习目标、学习任务、学习过程及成果的评价标准。评价标准为学生的项目化学习提供了导向，是学生学习行为的准绳，让学生可以有的放矢；同时，在对评价标准的执行中深入理解大概念，有效地促进大概念的学习。

项目以"选班花，写班歌，唱响班歌"为核心任务，学生通过学习托物言志的写法，构建有关托物言志的大概念，并运用托物言志手法创写散文，改编歌词，制作海报，选曲（自创）配乐，制作表演背景，进行歌唱表演。学生在完成这个项目的过程中，要组建小组团队，分工合作，自创、自改、自编、自排、自演。为了评估学生参与活动能否达到预期的结果，更为了考量学生对核心概念理解和迁移运用的效果，必须设计相应的评价标准(见表5.3、表5.4)。

表5.3　散文创写评价表

	五星	四星	三星	二星	一星	自评 等级	组评 等级	综合 等级
花的特点	能运用比喻、拟人、对比等多种修辞手法，生动形象地描述出花的主要特点。	能运用多种修辞手法较生动地描写花，能突出花的主要特点。	能运用修辞手法描写花，较能突出花的主要特点。	能运用修辞手法描写花，但没有突出花的主要特点。	没有运用修辞手法，没有突出花的特点。			
花与志的相融	能运用"对比或类比联想""物我交融""直抒胸臆"等物志相融的方法，突出花与志的相似点，花与情和谐统一。	能运用"对比或类比联想""物我交融""直抒胸臆"等物志相融的方法，花与志的相似点比较突出，花与情统一。	能运用"对比或类比联想""物我交融""直抒胸臆"等物志相融的方法，花与志的相似点较明确，花与情比较统一。	能运用"对比或类比联想""物我交融""直抒胸臆"等物志相融的方法，花与志的相似点模糊，花与情的联系牵强。	没有运用任何物志相融的方法，花与志分离，不统一。			

表5.4　过程性评价表

	五星	四星	三星	二星	一星	自评 等级	组评 等级	综合 等级
参与	积极主动参与整个活动，态度很认真。	积极主动参与整个活动，态度认真。	参与部分活动，较积极，态度较认真。	参与活动较少，态度不够积极。	未参与任何活动，态度不积极。			

195

	五星	四星	三星	二星	一星	自评等级	组评等级	综合等级
合作	积极合作，主动承担任务。	积极合作，认真完成分配的任务。	能参与合作，能完成分配的任务。	较少参与合作，完成部分分配的任务。	不参与合作，不完成分配的任务。			
创新	多次提出有创新性的建议。	多次提出建议，少数有创新性。	能提出建议且建议较有创新性。	愿意提出建议但建议没有创新性。	不发表建议。			

　　教师应在相应的学习任务前提供给学生上述评价表。借助这些评价表可以更加直观地评估学生有效地利用核心概念来协作完成复杂的、多阶段任务的能力。

　　这一项目式学习通过应用大概念让学生在完成任务、解决问题的过程中提高核心素养，通过"创写班歌，唱响班歌"活动，引导学生在真实问题情境中经历持续的实践，达到对托物言志大概念的深层次理解，并把学到的东西融汇成成果，从而实现知识、能力、价值的融通，进而实现学科内的融通以及学科间的融通。

　　基于大概念的语文项目化学习，改变了传统的按照课文顺序落实单元教学目标的教学方法，它以完成真实的生活情境的核心任务为驱动，以小组为单位开展合作式、探究式的综合实践学习，有助于培养学生的迁移应用能力，提高学生的综合素养。基于大概念的语文项目化学习，值得每一位语文教师不断探索实践。

第四节 议题式校本研训

教师的教育理念和教学习惯相互作用会形成教育思想，而教育思想则是影响教育教学效果的重要因素。根据"费曼学习法"的输出理论，通过教师说教育心得、教育故事可以促进教师自我审视，总结自身教育思想，提升教育理念。目前学校教师存在勤于实践，懒于总结的现象，为了提升教师的教育教学理念，环翠中学采用"议题式研训"的方式，促进教师发掘、深化自身的教育思想。

一、基于问题：议题式校本研训的意义

环翠中学的议题式校本研训活动，以"问教"为突破口，依托于教研训开展，重点包括三单合一优化助学单、新课标解读、优化小组合作、"'小先生'开讲"等。

学校围绕核心问题前置性地提出议题，定期开展议题式校本研训，通过研究探讨教育教学中的热点问题达到总结和提升教育教学理念，促进师生共同发展，引领学校教研实践、教研合作、教研创新的目的。学校把立足点放在解决教学改革所遇到的实际问题上。把着眼点放在理论与实践的结合上，把切入点放在教师教学方式和学生学习方式的转变，努力推进新课标落地。

我们的议题式校本研训采取的是"教研组—青年教师—全员教师"的三级校本研训体系，解决两个方面的实际问题。一是深化对教育教学、学科专业领域方面相关理论的实践性认识，比如新课标学习、经典文献分享、教材文本研读、教学设计、听评课研讨等；二是通过"议研"活动潜移默化地体验、分享和感悟议题式教研的实践性知识。

二、内涵思考：议题式校本研训的运作模式

环翠中学的议题式校本研训采用前置性议题提出、教研组议题探究、组长会展示交流的形式。要求教师全员参与，所有学科全部涉及，常态化地根据教师教学中遇到的问题进行经常性研修，实现教师研修能力、专业素质的螺旋式

提升，与教研组的教研活动进行深度融合。

1. 模式操作"一体化"。把教学中的问题转化成议题，以议题指引培训活动，用理论支撑实践研究，达到以研带培、以培促研、研培结合的效果。

2. 实施重心问题化。以教师的内在需求为出发点，以问题为中心，开展行动研究，着眼于解决问题，从而促进教师的专业发展。

3. 学习方式开放化。可以采取合作学习、自主学习、研究性学习等方式开展培训。

4. 形成"问题—议题—合作探究—交流—行动—反思"的校本研训模式。当某个有意义的教学问题出现时，通过议题引导教师有意识地把这个问题转化成为有价值的议题。确认议题之后，教研组、备课组的教师合作探究，设计解决这个问题的基本思路和方法。行动是这一模式中的重要一步，再好的思路和方法都要通过行动来验证。行动既包括教师的上课，也包括相关的听课。在整个校本研训的过程中，反思这一环节贯穿其中，落实在平时的教学之中。这种模式确立了教师从事研训的主体地位，使研究的针对性得以增强。

三、实践案例：新课标在课堂落地的实践研究

教务处定期确定"议题"，以教研组为单位专题准备，在全校范围内开展评比活动，通过活动带动教师积极参与、深入研究，并将结果纳入教研组和教师的个人考核(见图 5.8)。

图 5.8　议题式校本研训具体案例

核心素养是新课标中的高频名词。当课程标准从双基到三维再到核心素养，三个不同的层次展示着理念的变化：学生从知识的记忆再现到理解应用再到从获取知识本身的过程中学会做事。我们的课堂不再是赤裸裸的知识传授，而是对知识发现过程的探寻、感受和发展。当我们能够从以学科知识为中心成长为以学生为中心，课堂才会具有承载学生发展的生命力。

下面的案例是"如何让学生核心素养提升在课堂落地"的议题展示片段。

议题：结合学校推进的大单元整体教学和自己的学科谈一谈如何让学生核心素养提升在课堂落地。

数学组：新课标明确提出数学以"六大核心素养"为基础，初中数学视域下，在设计核心素养的课堂落地途径时，教师应该秉承系统性、兼容性、协同性思维，以更全面地体现初中数学核心素养价值，以及不同核心素养理解维度下理念的相互渗透、方法的相互借鉴（见表5.5）。

表5.5 数学核心素养与教学解读细化分析

三会维度	核心素养内涵	要素
会用数学的眼光观察现实世界	数学学科知识	基础知识
	数学探索技能	基本技能、数学抽象（数感、符号意识）、发现问题能力、提出问题能力
会用数学的思维思考现实世界	数学思维能力	分析问题能力（逻辑推理、数学建模、数据分析）
	数学应用能力	基本活动经验（数学运算）、解决问题能力（应用意识）、直观想象（空间观念、几何直观）
会用数学的语言表达现实世界	数学表达能力	基本思想（创新思想）、数学观、数学的理性认知

1. 基于"观世界"构建初中数学核心素养的课堂落地途径

学会用数学视角去观察现实世界，这是核心素养落地的第一步。学生需要必要的数学基础知识去理解现实现象、问题、假设等，进而才能借助一系列数学符号去发现问题、提出问题。以"勾股定理"为例，教师在进行新课教授的过程中，要想促进核心素养课堂落地，"观察现实世界"是一个很不错的途径。教师可以在课堂上创设更富有现实代入感的情境。例如在整个"观世界"的过程中，将瓷砖定为情境素材，它既是被观察的对象，也是被抽象的对象。教师引导学生将现实事物的属性、特征从本体上剥离出去，再利用已经具有的基本知识（边、角、面积公式等）进一步去推导，最终"提出问题"。而此时提出的问题就是数学问题，原本复杂、具象的现实世界被转化成简单、抽象的数学形式，在这一过程中核心素养也得以落地。

2. 基于"想世界"构建初中数学核心素养的课堂落地途径

所谓"想世界"，就是让学生会用数学的思维思考现实世界。它的起步点就是数学思维能力和数学应用能力，相对"观世界"阶段的核心素养落地更进一步。具体到初中数学课堂教学活动中，分析问题时教师要赋予学生一定的自主权，促使其在个性主张下进行头脑风暴，并指导其正确处理数据、图形、空间、计算等之间的关系。需要注意的是，思维过程的价值远大于结果，这是初中数学核心素养培养落地的保障。例如，在"勾股定理的逆定理"证明教学阶段，教学的重点是让学生正确辨识边和角的关系。学生根据数据分析的经验，可以直接判断出"最长边对应最大角"，在后续的书面证明过程中，也不再需要现实中事物提供具象支持，不断强化"想世界"的过程，以满足核心素养在数学课堂落地的要求。

3. 基于"说世界"构建初中数学核心素养的课堂落地途径

所谓"说世界"就是让学生用数学的语言表达现实世界。数学语言与现实世界中的自然语言在意义上可以保持高度对等性，但表达方式有很大差异。数学语言凸显强烈的理性色彩，对于逻辑结构、数量关系、几何特征等有着严格的要求，考验学生对现实世界与数学世界共性认知的能力，是初中数学核心素养在课堂落地途径建构方面难度最大的一项任务。在实践中，教师应注重"解构—示范—模仿"教学，带领学生从会做不会说的困境中走出来。

综上所述，核心素养是面向整个初中数学学科而言的，而"素养"本身意味着后天培养综合性能力（包含学习、运用、创新等）是持续不断向前动态发展的，在课堂的设计上一定要注重"核心要求"或"核心任务"的设计。在核心素养落地过程中，教师既要注重初中学生适应当前社会发展需求的能力培养，也要关注学生在数学领域终身发展必备品格的塑造。

物理组：《义务教育物理课程标准（2022年版）》主要是围绕着"物理观念""科学思维""科学探究"和"情感态度价值观"。

第一，联系生活实际，强化物理观念。物理教学不能局限于教材知识和内容，还要积极拓展外延，深化课堂和生活的紧密联系，强化学生的物理观念，促使学生逐步形成在生活中运用物理知识和技能解决问题的意识，为学生日后的成长与发展奠定思想意识层面的基础。教师需要对教材内容有全面认知，并提前对相关内容进行分析，探究这些内容与生活实际之间的紧密联系，进而在教学活动中持续引导学生从生活经验、生活情境等出发，学习和掌握物理知识，真正形成从科学维度出发看待事物和研究自然规律、现象的良好意识和观念。

第二，借助演示实验启迪学生的科学思维。演示实验很容易被视作学生被动接受知识的方式。这是因为在演示实验中学生的参与感较弱，不少学生都只是抱着看热闹的态度，只看实验中的表面现象，缺乏主动思考的意愿。这种被动的教学模式往往难以充分凸显实验的特性与优势，不利于学生形成主动思考习惯以及良好科学思维。因此，教师需要对演示实验进行合理创新与调整，尽量增强演示过程的趣味性和启发性，通过设置问题的方式引导学生思考，增强学生的参与感，从而有效启迪学生的科学思维，从根本上改变演示实验中学生只是被动接受新知识、新内容的弊端。

第三，培养学生的物理模型构建能力。

1. 增强学生物理模型建构的意识。教师要善于挖掘和运用教材资源，让学生知道什么是物理模型、为什么要建构模型、物理模型有何作用，理解模型的本质特征和使用条件，并运用物理模型解决实际问题。体会物理模型对思考问题、解决问题的重要的作用，学生自然就会主动提升物理模型建构意识。

2. 让学生亲历模型建构过程。教师可抓住物理模型建构的典型例子，充分信任学生，让学生经历建模过程，并留给学生足够的思考空间和时间。逐渐培养起模型建构能力，这对今后的物理学习将会有事半功倍的作用。

3. 培养学生运用物理模型思考问题的习惯。引导学生从生活现象联想已有的物理模型，发展物理模型思维。在生活中遇到与物理学相关的情景时，能够在脑中联想出相应的物理模型。

4. 突破建模障碍，提升建构能力。针对模型建构过程中存在的问题，教师应发挥主导作用，帮助学生突破物理模型建构的障碍。

5. 合理创设情境。教学中应充分运用实验、课件模拟等方式创设物理情境，运用分析和综合、抽象和概括等方法建构模型，引导学生完成同化、顺应过程，让学生能够自主地建构物理模型。

6. 还原物理问题情景。在学习物理知识、解决物理问题时，尽可能地把问题还原为实际情景，让学生能主动地将所学的物理模型与实际问题发生联系。为此，教学中应尽可能地为学生创造更多动手实验的机会，通过实验能让学生在脑海中留下直观、形象的物理模型，然后再作抽象引导，形成思维轮廓，进而变成具有思维特征的物理模型。

7. 运用原有认知。在学生原有认知的基础上，设置思维台阶，通过类比、等效、迁移等方法，让学生主动把新问题与原有知识进行联系，逐步构建合理的物理模型，这是物理模型建构能力培养的有效途径。

第四，培养学生的科学探究精神。为了培养学生的科学探究精神，教师不仅要在物理课堂教学中做好演示实验，还要让学生亲自到实验室中完成相应的分组实验，并且培养学生的团队合作精神。高中物理实验本身较为复杂，要求较高，而学生在相互交流、合作、探讨的过程中能够实现相互启发和帮助，共同完成复杂的实验设计与实验操作。

教师是教育发展的最大变量，科学有效的校本研训将变量化为增量。本着边研训、边探索、边总结、边提高的原则，环翠中学将校本研训贯穿于教师培训的始终。实践中，我们通过多维评价、科学评估，将教师的差异化和不同发展态势转化为教师专业发展的资源，不断创新研训模式，增强校本研训工作的实效，有力推动教师的专业成长，赋能学校内涵发展。